暨南大学高水平大学建设经费资助丛书

暨南史学丛书

近世区域商人与商埠论集

黄忠鑫 著

中国社会科学出版社

图书在版编目（CIP）数据

近世区域商人与商埠论集／黄忠鑫著.—北京：中国社会科学出版社，
2018.11

ISBN 978 - 7 - 5203 - 1976 - 8

Ⅰ.①近…　Ⅱ.①黄…　Ⅲ.①商业史—中国—文集　Ⅳ.①F729 - 53

中国版本图书馆 CIP 数据核字(2018)第 015533 号

出 版 人	赵剑英
责任编辑	刘　芳
责任校对	沈丁晨
责任印制	李寡寡

出　　版	中国社会科学出版社
社　　址	北京鼓楼西大街甲 158 号
邮　　编	100720
网　　址	http://www.csspw.cn
发 行 部	010 - 84083685
门 市 部	010 - 84029450
经　　销	新华书店及其他书店

印　　刷	北京明恒达印务有限公司
装　　订	廊坊市广阳区广增装订厂
版　　次	2018 年 11 月第 1 版
印　　次	2018 年 11 月第 1 次印刷

开　　本	710×1000　1/16
印　　张	13.75
插　　页	2
字　　数	210 千字
定　　价	65.00 元

目　录

第一编　汉水中下游的商埠格局

引　言

汉水是长江的最大支流，全长 1497 公里。从汉口溯江而上，可以通航至陕西南部，水运便捷，在传统时代具有天然的交通与商业地理优势。清代民国时期，汉水上的人群、物流络绎不绝，沿线形成了诸多商业城镇。随着经济结构从传统到近代的转变，这些商埠格局也有了较大的变化。以汉水中下游的湖北为例，笔者对以下两类现象颇感兴趣。

其一，在一般的认识中，无论是历史时期还是当代，汉水中游的商业当以樊城为翘楚。然而笔者在检索近代文献时发现，在樊城西北面、同处中游的老河口竟一度被称为"鄂北商埠之冠""鄂北第一大市""襄河商务惟一之繁盛巨埠""陕南川北及豫鄂西边一带之经济中心"等，樊城则黯然失色，记载甚少。由此可见，近代汉水中游地区的商业地理格局发生了显著的变化。由于种种原因，学界关于这两个商埠的研究较为缺乏：苏云峰已经注意到在汉江中上游以老河口与樊城同为商业贸易中心，但是并没有展开具体的研究。① 鲁西奇分别比较襄阳与樊城、光化与老河口各自的关系，着眼于传统政治城市城墙之外的厢坊、市镇的发展，而没有论及同为商埠的老河口与樊城之间的关系。② 然而，这些研究都没有触及近代以来何以普遍出现了老河口较之樊城更为繁荣的社会印象和事实，其原因值得细究。

---

① 苏云峰：《中国现代化的区域研究（1860—1916）——湖北省》，台北"中研院"近代史研究所 1987 年版，第 41 页。

② 鲁西奇：《"双子城"：明清时期襄阳—樊城、光化—老河口的空间形态》，载张建民主编《10 世纪以来长江中游区域环境、经济与社会变迁》，武汉大学出版社 2008 年版；鲁西奇：《城墙内外：古代汉水流域城市的形态与空间结构》，中华书局 2011 年版。

其二，近代湖北商贸兴盛，其中又以"八大镇"为著：汉口、武穴、沙市、新堤、仙桃、沙洋、樊城和老河口。有趣的是，除汉口外，汉水沿岸的商业重镇达到四个之多，足见当时汉水流域商业发展的程度。更为重要的是，这四大镇都对原有的地方政治中心产生了重大的冲击：仙桃取代沔阳、老河口取代光化成为新的县级治所；樊城则是与襄阳合并，实现地方政治、经济中心的合一；沙洋则是数次升格为市（县），又一度并入荆门，今为沙洋县。无论如何，这些都体现了政治地理对于经济地理变动的调适，导致城镇格局变化的经济动力又是如何，也需要进行讨论。

第 一 章

汉水中游商业中心的变动

本章试图围绕樊城和老河口各自的商业发展历程、贸易网络及相互关系，对清代以来的汉水流域商业中心的变动现象作一初步探讨，以期对近代中国经济地理格局的研究有所补益。

一　清代樊城、老河口的商业网络

樊城较早形成大型聚落，在唐宋以前即有数次建县。宋元以来，樊城的政治军事色彩有所淡化，取而代之的是其经济功能的凸显，尤其是沟通南北商品交流的商贸机能。清代，樊城在时人眼里的形象依旧是五方杂处、商品荟萃之地。"樊城踞汉水北岸，控滇黔秦蜀豫数省之冲，舟车四达，商旅辐辏，屹然为楚北一巨镇。"[①] 然而，樊城的商业结构及其在整个汉水流域商业的空间关系，在政书、方志、文集等传世文献中的记载并不明晰，这也是以往学界对于这一商埠的研究极少的关键因素。而樊城山陕会馆留存的诸多清代碑铭，却为我们进一步了解清代樊城商业情形提供了一个重要的途径。[②]

樊城山陕会馆创始于康熙三十九年（1700），历经多次扩建和重修（见图1—1）。其中，道光三年（1823）进行重修并创设荧惑宫，规模巨大，集资万两而成。按照以往的惯例，此次会馆的扩建留下了

---

① （清）贺熙龄：《樊镇新堤记》，载（清）饶玉成《皇朝经世文续编》卷98《工政》，图书集成局1888年刊本，第8页a。原碑现藏于襄阳市米公祠石苑。

② 笔者于2010年初造访樊城山陕会馆（今襄阳市第二中学），抄录所存清代碑铭共计十七通。

五通碑铭以"流芳千古"，其中一通为《重修山陕会馆并创建荧感宫碑记》，其中强调了山陕商帮是樊城商业的重要力量："襄樊制重地也，为山甫遗封，当水陆之冲，舟车往来，无不投憩。而经商股贾谋业于其间者，惟我山陕贸集盛焉。"而经过扩修，会馆"辉煌崇隆，真足超古而迈今，不亦极一时之大观也哉"，至今山陕会馆仍是樊城最大的会馆。其余四通碑铭分别为"百世其昌""福缘善庆""永垂不朽""方福攸同"，皆为山陕商帮所经营行业的捐输名录，记录了清中叶山陕商帮在樊城的经营内容和地域范围。从会馆的建设规模可以看出山陕商人在樊城商业具有举足轻重的地位，由此通过山陕商帮的经营内容、范围与规模等信息，可以丰富我们对于樊城这一商业重镇的了解。

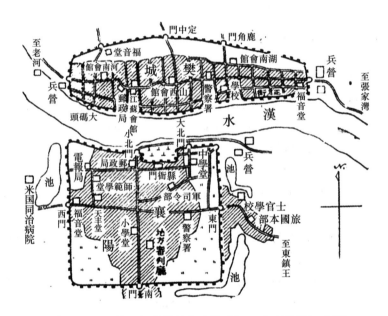

图1—1　20世纪初的樊城与山陕会馆（山西会馆）坐落

资料来源：东亚同文会编《支那省别全志·湖北省》，1918年，第133页。

第一，四通碑铭记录了樊城的各行商号的名录。"方福攸同"碑皆为山货行，共计429家。"百世其昌"碑记录的行业最多，包括当行 16 家，汉中帮 167 家，义长会 5 家，虔诚会 10 家，立兴行，汾酒行 54 家，铁货行 4 家，铜货行 6 家，布行 11 家，木客 18 家以上，[①] 靛行 11 家，草帽客 21 家，钱行 1 家以上，京货行 2 家，老汾酒行 4 家，染坊 4 家；此外还有土帐行、力行、草绳行、灯笼铺、花行、料铺、醋坊等皆为 1 家，以及个别不明行业商号。"永垂不朽"碑刻有南货行 18 家、估衣行 53 家、府城会 36 家、陕西衣庄 93 家、西货行 33 家、骡店 5 家、外粮行若干、外船行若干、过载行 4 家以上、山货铺 10 家、毡帽行 22 家、三元店若干、皮院 21 家以上、门估行 2 家。"福缘善庆"碑则有三义行 35 家、粮行 251 家以上。

不考虑"会"和汉中帮等并不是按照行业划分的商号，[②] 山陕商帮在樊城的经营范围极为广泛，既有食品、衣服等生活用品，也有钱庄等金融业、过载行等运输业，还有汾酒行、西货行、南货行、京货行等山陕、南北各地的土特产业，涵盖了日常生活的衣食住行，可视为清代樊城商业的基本内容。一些行业内部也有所区分，如汾酒业分为汾酒行和老汾酒行，山货业分为山货铺和山货行，反映了行业发展规模等方面的差异。即便如此，山陕商帮的经营还是有明显的主导行业，即粮食业和山货业。这两个行业不仅商号数量在各业之中遥遥领先，而且在捐输金额上分别达到 1321 两 5 钱和 1767 两 3 钱，也为其他行业所不及。

第二，"福缘善庆"碑所记数百家粮行商号，还以小字标注出所属的府、县、镇，而"永垂不朽"碑的陕西布庄 93 个商号也分别注明这样的信息。将这些地名进行归类，可以初步判定樊城商业影响的范围。

粮行，樊城本镇的仅列有 3 个商号，后又有"众号"字样，当不止 3 家。此后共列出 37 个地名，其中在襄阳府的有太平店（众号）、

---

① 樊城山陕会馆的建设费用的征集属于自愿认捐性质。碑刻上列有木客商号 18 家、后又有"众号"字样，是为 18 家商号以外，还有一些商号共同集资凑为一份之意，故文中表述为 18 家以上。以下皆同。

② 关于樊城山陕会馆碑刻内容的考释与研究，如"会"的名称与性质，应当有专门论文进行讨论。本书仅选取其中关于历史商业地理的信息展开研究。

双沟（众号）、东邑（2个以上）、老河口（3个以上）、茨河（众号）、武安堰（1个以上）6处；安陆府的有安陆府城（即钟祥县城，5个）、转斗湾（众号）、旧口（2个）、岳口（众号）4处；荆门直隶州的沙洋（1个以上）、德安府的随州（众号）与汉阳府的汉口（众号）各1处；南阳府的唐河县城（36个以上）、马家店（3个）、源潭（46个以上）、下屯（3个以上）、郭潭（3个）、同河（众号）、礼东（2个以上）、赊旗店（89个以上）、岗头（3个以上）、沙堰（6个以上）、禹王店（1个以上）、清华（2个）、歪子里（3个以上）、南阳府城（众号）、邓州（众号）、冯家集（1个以上）、三十里屯（2个以上）、新店铺（众号）、新野县城（3个以上）、王家集（3个以上）、急滩（3个以上）、界塚（6个以上）、瓦店（13个以上）共23处。此外尚有"新集"1处难以确定坐落。

陕西布庄，樊城多达51家，此外襄阳府的有太平（2个）、双沟（1个）、老河口（14个）、谷城县（3个）、均州（6个）5处；郧阳府有府城（1个）和上津（5个）2处；陕西的汉中府（2个）和兴安府（6个）。另有"里关"未能确定坐落。

综合上面的信息，可以看出，在传统时代商业中占重要地位的粮食业，同样是樊城商业的一大支柱。樊城粮行的影响范围主要沿汉江及其支流唐白河流域分布。

汉江干流上达老河口、下至汉口。其中，著名的粮食输出地是谷城县茨河镇。"茨河之米，蜚誉鄂北各县。满清中叶，曾输米京都，作贡献皇室之需。且每年输出，当在数万石以上，汉水中部沿岸各县，多仰给于是焉。"[1] 而其他诸如老河口、东津、太平店等地，可能皆为粮食输入地或转运口岸。

唐白河流域主要包括河南南阳府南阳县、新野县、唐河县和邓州四个县份，最北达到赊旗镇，这一流域的粮行数目众多，占据捐助会馆建设的粮行总数三分之二左右。由于河南基本属北方旱作粮食区，又是华北重要的粮食输出地区，而湖广一带以水稻为主，故

---

① 紫铭：《鄂北十三县的现状和今后应兴应革的刍议》，《新鄂月刊》第1卷第1期，1934年。

有研究表明，北方杂粮的输出、南方稻米的输入是赊旗镇粮食业经营的重要内容。① 例如，这里出现的源潭，就是著名的黄豆产地，且商家信誉可靠，有俗语称："不会买货到源潭，不会卖货到汉口。"②

实际上，将研究范围扩展到鄂豫两省省际贸易来看，赊旗镇往南最重要的转运节点就是樊城，两镇之间不仅存在诸多南阳府、襄阳府所辖的中小型粮食转运市镇，构成唐白河流域的粮食对流、集散的贸易网络，而且通过晋商，两个商业重镇联系也极为紧密。赊旗镇对于樊城的粮食贸易具有重要的影响，故而樊城山陕会馆的捐输中，赊旗镇参与出资的粮行多达 89 个以上。至于汉水上下游之间的粮食运输，樊城亦通过老河口向秦巴山区输入稻米，③ 通过汉口将两湖平原水稻转运北方各地。

由于汉水改道的缘故，光化县下属的老河口镇于清中期方才兴起。由于"光化县城外、汉水岸边的商业屡废屡起，正说明这里存在着商业发展的强大需求"④，老河口迅速成长为"商贾辐辏，烟火万家"，诚为"富庶之区"的商业重镇。⑤ "光化以老河口为巨镇，与樊城相望，其俗等趋贸易，虽士人不免。"⑥ 在清中叶，该地就具有强烈的商贸习俗。

---

① 许檀：《清代河南赊旗镇的商业——基于山陕会馆碑刻资料的考察》，《历史研究》2004 年第 2 期。

② 张履鸾：《樊城经济概况》，《农林新报》第 12 卷第 26 期，1935 年。

③ 左宗棠即言："东洋米价虽贱，由海口水运襄樊，脚价亦轻，本为合算。惟由老河口溯丹浙之流、小舟拨运龙驹寨改由陆路运陕西，脚费数倍于米价，再由陕运甘，脚价之多，尤不胜计。且陕西正采两湖稻米运陕救饥，水陆同出一途，运道几虞拥挤，人畜之力亦难分济。"（《光绪朝东华录》，光绪四年三月己巳，中华书局 1958 年影印版，第 1 册，第 557 页）即便是官方的粮食赈济，也是选择经樊城由老河口转运入秦巴山区，乃至陕甘等地。

④ 鲁西奇：《"双子城"：明清时期襄阳—樊城、光化—老河口的空间形态》，第 394 页。

⑤ 光绪《光化县志》卷 1《乡镇》，《中国方志丛书》华中地方第 124 号，成文出版社 1970 年影印版，第 135 页。

⑥ 嘉庆《湖北通志检存稿》章 24，《章氏遗书》卷 30，嘉业堂 1922 年刊本，第 27 页 b。

樊城山陕会馆中的陕西布庄业和山货业之分布，可以透露出清中期樊城与老河口关系的若干层面。傅衣凌先生已经指出，陕商以市布起家者甚多，[①]布业为陕西商人的一大传统商业。而此处陕西布庄商号的地域分布，以汉水上游的鄂西北、陕南地区为主；就数量而言，樊城独占半数以上之外，其次为老河口，皆较其他地区为多。至于山货业，由于碑刻没有标出商号所在地区，可以认定这429家山货行和10家山货铺全在樊城一地。可见，在以山陕商帮为主导的西北方向的商业贸易中，清代中期的老河口已经占据一定的份额，但是较之樊城，仍有较大的差距。

　　清末，老河口的商品流通范围已经包括了陕南、豫西等较为广阔的地区，其商业发展之情形，在晚清民国编修的乡土志、方志等可以窥得。

　　第一，豫西：目前仅见光绪《淅川直隶厅乡土志》，淅川又以荆子关为主要的商业中心，输出老河口的主要是农产品，而从老河口运入的亦为当地手工业品。输出品有：猪，"民间饲养最多，除供本境食用外，运赴湖北老河口销售"；漆，"陆运赴直隶、山东等处销售，水运赴汉口销售"；柿和梨，皆为"水运赴湖北老河口销售"。输入品为：纸张，"自湖北樊城、老河口运入"；铁货，"自湖北老河口、樊城运入"；瓷器也是来自樊城和老河口。[②]

　　第二，陕南：安康、汉中、商洛等地区皆有与老河口通商。

　　城固县，"商务以姜黄、木耳为大宗。姜黄每年产一百余万斤，陆运销行甘肃秦州十之一；又水运销行于湖北老河口镇十之九，由老河口镇分水运、陆运，销行山西、河南、山东、直隶，以为制造水烟之用"[③]。

　　平利县的山货，皆须经过安康（兴安府）输出老河口等地：漆，"东道者至湖北竹山县田家坝，由西道者至兴安府，皆运河口、上海

---

　　①　傅衣凌：《明清时代商人与商业资本》，人民出版社1956年版，第168页。

　　②　光绪《淅川直隶厅乡土志》卷8《物产录》，《国家图书馆藏乡土志抄稿本选编》，线装书局2002年影印版，第5册，第259、263、279页。

　　③　光绪《城固县乡土志·商务》，《中国方志丛书》华北地方第264号，成文出版社1969年影印版，第56—57页。

行销。多为日商买去";木耳,"由兴安府运河口、汉口、上海等处行销";当归,"由兴安府运河口、汉口、上海等处行销";党参和漆油,"由兴安府运河口、汉口等处行销";桐油,"由兴安府运河口等处行销,多为船户购用"①。此时,桐油仅仅是老河口码头修船的用品,尚未成为大型输出品。

洋县,销地为老河口的山货有木耳(六七百包)、花椒(约五百包,含四川)、肚倍(约二百包)、姜黄(约两千余斤)。②

木耳是镇安的大宗输出品,"水运由襄河至老河口转运汉口,陆运由蜀河等处商人坐庄收买,每岁销行约七八万觔"。另有五倍子"销行老河口及蜀河各路,每岁约百数十石"③。

西乡县,"纸厂多设巴山深处,以竹为料,甚惜工劣,不能与洋纸抗衡耳,陆运陕西及山西等处,水运兴安、老河口等处"。另有菜药水运老河口千斤以上。④

洛南县也主要是杂药贩运河口:"昔岁如柴胡、连翘、桔梗等类雒境广生者,每有外商入境收买。近则雒民亦渐知趋利,闲时采缀在家,有隙则担运出境,在荆紫关、老河口一带售卖,获利较前尚多。"⑤ 商南县较为特别,输出品是丝:"水运行销老河口等处,陆运运销行南阳府等处。每岁约出五百觔有奇"。⑥

以上表明,老河口商业在清末已经粗具规模,辐射范围已经涵盖豫西陕南等地,成为鄂豫陕交界地区的商业重镇。豫西输出老河口的

---

① 光绪《平利县乡土志·商务》,《国家图书馆藏乡土志抄稿本选编》,线装书局2002年影印版,第5册,第799—801页。

② 民国《洋县乡土志·商务表》,《陕西省图书馆藏稀见方志丛刊》,国家图书馆出版社2006年影印版,第15册,第379页。

③ 光绪《镇安县乡土志·商务》,《中国方志丛书》华北地方第280号,成文出版社1969年影印版,第163—164页。

④ 民国《西乡县乡土志·商务》,《陕西省图书馆藏稀见方志丛刊》,国家图书馆出版社2006年影印版,第15册,第548—551页。

⑤ 光绪《洛南县乡土志·商务》,《中国方志丛书》华北地方第250号,成文出版社1969年影印版,第172页。

⑥ 光绪《商南县乡土志·商务》《陕西省图书馆藏稀见方志丛刊》,国家图书馆出版社2006年影印版,第14册,第325—326页。

主要是农产品，陕南各地则以输出木耳、生漆、姜黄、杂药等山货为主，有极少数的手工业品输出。这一点，在清末的厘局统计中也是吻合的：在1904年度，从陕西进入老河口的货物中，实征税额超过1万钱的有丝麻、土烟膏、黑木耳、黄表和皮纸，其次为牛羊皮、桐油、漆油、姜黄、火纸、草绳等，皆为陕南土产山货。① 而老河口输往各地的货物，这一时期的记载并不明确，应同豫西的情形一样，皆为由汉口输入、经老河口转运的加工品、洋货等，包括少数鄂北本地的手工业品。

在晚清的时人印象中，"老河口为湖北大镇，不亚樊城"②。在经营地域上，老河口也与樊城有了较大的分异。清末徽商在店铺经营范围的划分的议单上，就显示出这样的差别：

> 一、议樊城新、老店生意，上至南阳府属，下至南樟［漳］县、安陆府属、襄阳府考棚，均归樊城店赶考、发货，他店不得越境背议。
>
> 一、议河口店生意，上至兴安府、均州及郧阳府考棚，下至谷城，均归河口店开张发货，他店不得越境背议。③

由于老河口商业地位的上升，徽商在对鄂西北的经营中，也已经将老河口与樊城置于几乎对等的地位设立店铺。与前述的樊城山陕会馆碑刻资料相比，清末老河口商业的发展主要以水运为纽带，以吸纳陕南、豫西土产与山货为重点，辐射范围已较之兴起之时大大扩展，商业规模逐渐接近樊城。

---

① （清）仇继恒：《陕境汉江流域贸易表》卷下《入境货物》，《关中丛书》第4辑，陕西通志馆1935年版。

② （清）唐晏：《庚子西行纪事》，《丛书集成续编》，上海书店出版社1994年版，第280册，第327页。

③ 《四叉公议各章》，清末抄本一册，复旦大学历史地理研究中心王振忠教授私人收藏并惠赐复印件。

二　民初以后汉水中游商品流通结构的转变

民初以后，汉水中游的商品流通结构发生了显著的转变，棉花和桐油开始取代粮食和山货，成为最主要的商品，由此产生了一系列的连锁反应，最终导致樊城和老河口在地区商业上地位发生了变动。1935 年湖北航务总局的工作人员沿着汉江而上调查各地经济状况，在调查报告中，樊城和老河口在商品输出品种上已经有了明显的差异：

> ……复上至东津湾，出口大宗物品为杂粮、棉花、麻油、油饼，进口货物稍有。再上至张家湾河口，地距市镇五里，为白河、唐河、滚河入襄河之总口，出入货均甚辐辏。出口以大豆为最多，年均一万五千余石。汾酒、麻油、棉花、小麦、烟叶、豌豆、粉皮、粉条次之。进口以糖、盐、煤油为大宗，洋广杂货次之。更次则为樊城，出口货棉花、烟叶、杂粮、芝麻、牛羊皮均占大宗。进口货棉纱、疋头、靛青、香烟、糖、盐、洋广杂货皆达巨额……再上即达老河口，地为陕南、川北及鄂豫西边一带之经济中心，户口殷繁，商旅辐辏，百货云集，市肆喧闹，实本省北部之大商场。其大宗进口货为疋头、棉纱、糖、盐、香烟、杂货等物巨量，出口货为药材、生漆、牛羊皮、烟叶、棉花、棉油、桐油、杂粮等品，其他零星土产不胜缕指。①

大致而言，尽管进口货物类别趋同，但是樊城输出的商品以杂粮、棉花居多，而老河口则以山货、棉花、桐油为主。几乎与此同时，平汉铁路经济调查组在汉水中游的经济调查报告《老河口支线经济调查》提供了详细的数据统计，与其他档案调查相结合，可以估算出樊城和老河口进出口货物量，并进行比较，考察大宗商品的流通结构变化对于地区商业中心转移的影响。

附带说明的是，东津和张湾都是樊城的附属口岸，居其下游。在

---

① 《武穴票总刘智调查报告》，1935 年，湖北省档案馆藏，档号：LS39-1-477。

近代一些调查统计中，往往将这两处的进出口货物量算入樊城。这是因为，张湾等虽然成为唐白河流域的货物集散地，但是"收支款仍归樊城支付，以图便利"①。至迟到20世纪20年代，樊城商埠的空间格局已经演变为以樊城为金融交易中心，货物集散则分别位于樊城、张湾、东津等地的局面。

1. 棉花

鄂北地区是近代重要的棉花原产地，无论樊城还是老河口都有大批的棉花出口，棉花贸易极为发达。据森时彦先生的研究，在"1923年萧条"之后，近代中国的棉花流通形成了以上海为最终市场，以郑州、济南、沙市、汉口为中间市场的全国性市场网络。同时，不出产优质棉花的内地市场（主要是指非美棉产区）则被隔绝开来，形成了以上海为中心的全国性市场和其他孤立的地区性市场并存的流通结构。②老河口和樊城皆种植美棉，自然迅速融入汉口、上海主导的棉花流通网络之中，提升自身的商业地位。两埠的棉花贸易皆以汉口为终端市场。

相比而言，老河口一带出产的棉花质量更高一筹，号称"全鄂之冠"。据调查，老河口棉花"全属细绒，富韧力，可纺二十支纱"，而樊城"丝毛齐整，颜色乳白，大多可纺十六支纱"③。正因为"河口棉花品质，在市场信誉，较樊城为佳，故襄阳县北部出产之花，多运至河口，集中出口，价值较在樊城成包出口者为高"④，棉农在选择出口地的考虑上，也倾向于老河口。故而有论者以为，老河口成为区域内的商业中心，很大程度上归结为棉花贸易的兴起：

---

① 上海商业储蓄银行：《调查襄河内樊城笔记》，1927年，上海市档案馆藏，档号：Q275 - 1 - 1782。

② ［日］森时彦：《中国近代棉纺织史研究》，袁广泉译，社会科学文献出版社2010年版，第332页。

③ 金城银行总经理汉口调查分部编：《湖北之棉花》，1938年，第10页。

④ 平汉铁路经济调查组编：《老河口支线经济调查·老河口经济调查》，《平汉丛刊》经济类第2种，平汉铁路管理局1937年版，第8页。

光化物产有限，故其市面常以陕南、川北及豫西南各地货物
在此转载之多少为转移。该县商业中心亦在老河口。民初交易，
土货出口以桐油、木耳、生漆、漆油为大宗，进口则以苏洋广货
为主要。彼时民风朴素，消费简单，市面亦因之狭小。至民国四
年欧战发生，申、汉纱厂勃兴，豫西宛、邓、淅及鄂北光、谷、
襄、樊诸县，种植美棉，河口棉花贸易于焉发轫，老河口遂成鄂
北商业中心。自民国六年至十九年间，计进口货值最高额年达二
千四五百万元，出口货值则近三千万元，诚可谓盛极一时矣。[1]

　　较之老河口，樊城虽有大量冲积土壤，但是"宜棉之土壤如棕
色高地土，黄色棕土，则又不及老河口之多矣"[2]。本地良好的种植
条件成为老河口棉花贸易的基础。但是，直到1937年，老河口的
棉花贸易优势并没有超过樊城，在贸易量上甚至大大少于樊城。据
不完全统计，老河口每年出口棉花4万包左右，而樊城则达到了9
万—10万包，其中又以张家湾居多，达到4.3万包左右。[3] 就来源
地而言，老河口较多依赖光化县本地所产，兼有郧阳、豫西南、陕
南等地棉花；樊城则较多依赖襄阳县以及唐白河南阳、新野等地棉
花，形成了张家湾、东津等分港口，这也说明了樊城在近代汉水中
游的棉花贸易优势。

2. 桐油

　　除了丝、茶、棉之外，桐油也是近代中国对外贸易的一大商品，
尤其是第一次世界大战以后，国内桐油市场勃然而兴。由于交通和产
地分布等因素，汉口成为近代中国最大的桐油贸易集散地，因为汉口
流域也是重要的桐油来源地。如果说棉花是促使近代老河口商业兴盛
的一大重要商品，那么桐油则巩固了老河口的地区商业中心地位。老

　　① 中国经济统计研究所：《湖北光化县经济调查》，1937年，上海社会科学院经济研
究所藏，档号：02-029。
　　② 梁庆椿：《鄂棉产销研究》，中国农民银行经济研究处1944年版，第273页。
　　③ 平汉铁路经济调查组编：《老河口支线经济调查·老河口经济调查》，第9页；《老
河口支线经济调查·樊城经济调查》，第7页。

河口的桐油运销在汉水中上游一线具有垄断性地位，是汉口桐油贸易网络中的一个重要节点，也是在湖北境内仅次于汉口的桐油市场。其贸易概况为：

> 老河口是汉水流域之最大市场，在夏季由汉口溯河而上之小轮船，可直达该埠，再用帆船由老河口西上，可达南郑、汉中。因是集中该处之桐油，不仅为鄂北各县所产，即陕西之油，如紫阳、兴安、洵阳、白河诸地所产者，亦集中于此。其运输情形，大抵汉水上游各地所产者，均先由帆船运集郧县诸埠，再循汉水集中老河口，然后用小轮船或木船运往汉口销售。①

由于老河口轮船和帆船水运的优势，该地得以集中汉水中上游绝大多数的桐油。陕南和鄂西北皆为近代中国重要的桐油产地，然而在不同年代、不同单位的调查统计资料中，老河口的年桐油贸易量的数据有所出入。

据当时一般商人的估计，每年在 25 万担以上。② 在 1941 年的统计中，鄂西北各县的桐油年产量约为 16.92 万担。③ 在各县中，老河口所属的光化县桐油产量遥遥领先，约占鄂西北各县产量总数的三分之一，为老河口桐油市场提供了很好的保障。据平汉铁路经济调查组 1937 年的调查估计，老河口的桐油来源主要有三处：鄂西北、陕南和豫西（主要是淅川县），大致比例分别为：50%—60%、35%—40% 和 5%—10%。据此推算 1941 年的数据，则抗战时期老河口聚集的桐油量在 32 万担以上，当然其中还包括本地消费的部分。然而平汉铁路经济调查组的调查结果为 16 万—30 万担。④ 大致同时的聚兴诚银行调查中，老河口已有油行 21 家，全年产量达到 24 万担，其中六成销往汉口，四成在本地销售。⑤ 中国经济统计研究所所提供的数据在

①　南薆：《非常时期湖北桐油之运销管理》，《新湖北季刊》第 1 卷第 1 期，1941 年。
②　李昌隆：《中国桐油贸易概论》，商务印书馆 1937 年版，第 82 页。
③　南薆：《非常时期湖北桐油之运销管理》，《新湖北季刊》第 1 卷第 1 期，1941 年
④　平汉铁路经济调查组编：《老河口支线经济调查·老河口经济调查》，第 13 页。
⑤　罗明樵：《老河口调查记》，1936 年，重庆市档案馆藏，档号：0295－1－768。

时段上较为完整，"其交易量在民国十八年（1929）前，年达十万余担，约合天平秤廿二万担。十八年后至廿一年，陕、鄂遇天灾匪祸，产销量均趋降减。廿二年汉口油价步涨，老河口桐油贸易渐复起色，全年交易量达十三四万篓，但其中兴安帮在均、郧二县收买直达汉口者有七万余篓，故在老河口成交转汉者月六万余篓，合十一万担左右。二十三、四年交易量渐增至九万篓，合十八万担"[1]。若不考虑上述各调查的数据误差，那么按照时间序列，可以从中推测老河口桐油市场的发育过程：1930 年以前年均出口 10 万担左右，1932 年以后，尽管经历了天灾战祸，输出量却保持上升的态势，每年为 25 万—30 万担。与之迥异的是，桐油在樊城并不是主要出口商品，几乎没有形成相应的桐油市场，甚至在 20 世纪初还有 8000 元左右的进口额。[2]

3. 粮食

樊城是传统的粮食集散市场，在近代亦保持了这样的地位，且近代的调查有助于我们深入了解樊城粮食市场的若干细节。"樊城之粮食市场，在张家湾；而张家湾之粮食市场，则在水上，由唐、白河所来之船只，即各以其地为帮，每帮之船，或三五只，或十数只，相系于一处，栉次鳞比，停泊于河中，当地即呼之为'帮上'。"而且，"樊城之粮市，以出口之粮食，占重要之地位，而出口粮食之中，以黄豆、小麦最多，高粱、芝麻次之。此外为小米，蚕豆及豌豆，运出者亦不少，但皆系本地所产，非由唐、白各地运来者"[3]。据调查，樊城平均每年黄豆交易量为 59.44 万石、小麦 6 万石、高粱 3.5 万石、芝麻 1.3 万石，皆为汇集唐白河流域与本地所产的总数，而小米 3 万石、蚕豆 4 万石、豌豆 5 万石，为本地所产。综合而言，总量在 80 万石以上。其运销方向以汉口为主，较少部分销往旧口、钟祥、沙洋等中下游各地。

---

① 中国经济统计研究所：《湖北光化县经济调查》，1937 年，上海社会科学院经济研究所藏，档号：02 - 029。

② 东亚同文会编：《支那省别全志·湖北省》，1918 年，第 138 页。

③ 平汉铁路经济调查组编：《老河口支线经济调查·樊城经济调查》，第 19、29 页。

与樊城邻近主要粮食产地相比，老河口在粮食出口方面的优势并不明显。"因光化全县所产之数量较少，而用量又巨，故本县所产及上游各地所来，除供本地消费外，每年输出，只有八万余石。""由外县输入之杂粮共 94000 石，多系在老河口本地消费，其来自南阳、邓县者，则用大车装运，其来自淅川、内乡者，则由淅川装船，顺丹江而下，均州、郧阳等地，则由汉水装运。"① 光化县本地所产各类杂粮约有 20 万石，加上外地而来，老河口一年有近 30 万石的杂粮汇集，而由于商业的发展，人口集聚，本地消费量大，杂粮输出量仅 8 万石，约为樊城的十分之一，也是以汉口为主要销售目的地。再加上"光化并不产米，乡间固以麦面、小米、玉米、蚕豆等为终年食品，而河埠人口，尤有小部需要食米，年约需三万石左右，尚靠谷城、南漳及襄阳或汉口运来供销，故虽有杂粮出口，又有食米人口，出土相衡，出口所值，殊有限也"②。

不过农民在种植这些杂粮作物之时，仍会考虑到经济收益。如 20 世纪 30 年代曾出现芝麻种植为棉花所侵夺的情况。③

4. 山货

山货所包含的范围较为广泛，前述的桐油亦可以纳入其中。清代樊城的山货业极为发达，而民国以后，老河口取而代之，成为新的山货集散中心。具体而言，较为大宗的山货贸易包括以下几种：牛皮业，"在前曾达到六七千担，嗣以襄河不通，运输改道，陕南来货，多改走陇海，豫西来货，多改趋平汉"，在 1937 年，仅有两千余担；羊皮业亦受到相同的影响，年仅二三百担；黑木耳，"老河口各山货行经手之交易，每年约 5000 包"，约为 4400 担；桴子，年约 3000 件；生漆，每年运输量为 6000 桶。这些山货的来源皆为陕南、豫西和鄂西北各地，销路皆为汉口。④

①　平汉铁路经济调查组编：《老河口支线经济调查·老河口经济调查》，第 19 页。
②　聚兴诚银行老河口分处：《民国廿三、廿四年度进出口货统计表·出口货类》，1935 年，重庆市档案馆藏，档号：0295 - 1 - 768。
③　张履鸾：《樊城经济概况》，《农林新报》第 12 年第 26 期，1935 年。
④　平汉铁路经济调查组编：《老河口支线经济调查·老河口经济调查》，第 24 页。

和桐油业相似，民国各种调查也几乎没有涉及樊城的山货贸易。但据当地老人回忆，1941 年襄樊尚有 24 家山杂货行，1948 年仅有 14 家，且其中还包括了经营杂货的商号，山货商号的数量应该更少，较大的信义昌号主要经营南漳县的木耳生意，没有触及鄂西北、陕南等地。① 可见，较之清代山陕会馆所反映的情况，民国时期樊城的山货业已经式微，并不足以与老河口相提并论。究其原因，除了京汉、陇海等铁路建设使得樊城较之老河口更不易吸引汉水上游而来的山货之外，也与经营山货业的山陕商帮势力衰退有关。

地域性商人群体是明清以来商业活动的主要组织者，他们的活动直接影响到地区市场的发展。有调查表明，清代至民国的转变期间，汉水中游的主要商人群体发生了较大的变化：

> 最初麇集该地客商，有山西帮、陕西帮，其后有黄州帮、怀庆帮、江西帮、武昌帮、抚州帮、江浙帮。上举八帮，凡百货业均有经营。民国成立后，汉阳、河南、湖南、四川等地商人，至老河口经商者亦复不少，时至今日则以河南帮占多较大势力矣。②

实际上，不仅老河口，本文第一部分对于樊城山陕会馆碑铭的分析即已明确，清代山陕商帮在整个汉水中游商贸活动中占有重要地位，会馆遍及这一地区各重要城镇。③ 不过，清末民初以后，传统山陕商人势力陡然衰退。近代汉水中游地区的外地商人以河南商帮为主体，山陕商人数量大为减少。由于商人是商业活动的主要推动力量之一，那么，该地区商人地域性结构的变动，使得商业结构也有所转变，以西北方向为货源地的山货业在樊城的衰弱即为典型的例子。

---

① 文思整理：《襄樊的山杂货行栈》，载《襄樊文史资料》第 5 辑，内部出版，1987 年，第 84 页。

② 梁庆椿：《鄂棉产销研究》，中国农民银行经济研究处 1944 年版，第 220 页。

③ 宋伦、李刚：《明清山陕商人在湖北的活动及其会馆建设》，《江汉论坛》2004 年第 10 期。

5. 综合分析

随着近代汉水中游沿线商品结构的变化，老河口和樊城的商业功能也相应开始发生重要的变动。以陕南、豫西、鄂西北山区为主要原产地的山货业和桐油业开始向更具地理优势的老河口集中，而更靠近河流冲积平原的樊城则以粮食和棉花为大宗商品。此外，两埠的输出商品中还有猪一项，主要集中于老河口，但是贸易量不足以与其余四宗相提并论（见表1—1）。

表1—1　　　　　1935 年前后樊城、老河口流通商品价值估计表　　单位：万元

商品	输出商品						输入商品							
	棉花	桐油	山货	粮食	猪	总计	盐糖	布匹	煤油	纸烟	面粉	杂货	靛青	总计
樊城	798	—	—	639.4	—	1437.4	242.86	277	19.6	62.4	—	—	—	601.86
老河口	320	608	476.6	52.65	14	1471.25	145.655	644.19	37.192	165	3.3	27.4	6	1082.7372

资料来源：整理平汉铁路经济调查组编《老河口支线经济调查》相关统计。

从表1—1可知，在输出商品贸易额方面，老河口略胜樊城一筹，但优势并不突出。不过，考虑到传统时代两者悬殊的商业地位，而在近代却不相上下，不得不从商品流通结构进行分析。大宗输出方面，樊城只有棉花和粮食两项，且二者所占份额大致相当。老河口以山货和桐油的贸易额最为显著，如此巨大的份额表明了汉水流域的山货业和桐油业的重心已经从清代的樊城完全转移到老河口。此外，声誉极高的棉花也占据了相当份额，相比而言，粮食与猪等传统农产品的贸易额就逊色不少。

需要注意的是，商品输出结构的变迁还伴随着价格的变化。有统计表明，老河口自 1922 年至 1936 年，棉花平均价格在每市担 36.91元，大体上价格稳定。[①] 在老河口桐油输出量的增长同时，由于是近代重要的战略物资，桐油的价格日益飞涨，极大地刺激了汉水中上游地区桐油的输出：

---

① 梁庆椿：《鄂棉产销研究·老河口历年棉花价格表》，第 25 页。

老河口桐油价，十九年（1930）以前最高每担十三元三角，最低九元八角，廿二年（1933）最高二十三元八角，最低十六元一角，二十四年至廿五年夏，最高六十元〇六角，最低五十九元四角。[①]

　　1929—1935 年短短六年间，老河口桐油价格涨了近五倍，超越了同时期棉花的价格。由于汉水中上游的桐油皆集中于老河口转运交易，故而桐油贸易成为促使老河口在汉水中游商业地位提升的极为重要的因素。

　　至于输入商品，老河口在商品种类和贸易总额方面都超过了樊城。究其原因，在于近代老河口的商业地位迅速提升，不仅分离了传统时代樊城的部分商业功能，将陕南豫西一带纳入自己的商业影响范围，而且聚集了大量的工商业人口，消费能力也大幅提升（见表1—2）。

表1—2　　　1927 年老河口、樊城商店、商业人口数量对比[②]

店铺类别	疋头（家）	棉花杂粮桐油山货（家）	洋广杂货（家）	典当（家）	商民（万人）
樊城	30	50	40	1	4
老河口	40—50	近100	60—70	1	8

资料来源：整理上海商业储蓄银行《调查襄河内笔记》樊城篇与老河口篇数据。

　　在这份 1927 年的调查中，老河口在商店数量上都超过了樊城，工商业人口更为樊城的两倍。尽管数据并不准确，但已经说明了近代老河口的兴盛对于樊城的冲击。而抗战的爆发，为汉水中游商业中心

　　①　中国经济统计研究所：《湖北光化县经济调查》，1937 年，上海社会科学院经济研究所藏，档号：02 - 029。
　　②　上海商业储蓄银行关于宜昌及襄河内的调查报告数份，皆未注明时间。从樊城报告中"自去春长途汽车次第开行以来"（即襄花线 1926 年 3 月开通）可知该调查当在 1927 年。

的全面转移提供了重要的契机。

三　从商业中心到经济中心

1938 年以后，湖北全面进入抗战阶段。以此为契机，老河口的商业发展达到顶峰。诚如大同银行调查所言："自抗战武汉转移后，因地理环境之关系，致沦陷区物资多于此进口，为吐销市场，商业日形繁荣。"① 此时，汉水中游的商业中心完全转移到老河口，尽管如此，其间仍有不少反复。

例如，老河口的主导商业——棉花贸易在抗战期间就遇到不少挫折。"抗战发生后，一因沪、汉棉市沦陷，二因粮价陡涨，农民相率将棉田改种食粮。"不过在 1940 年，"鄂北大军云集，衣被之需浩繁，兼以附近各地乡村手纺业发达，原棉需要增加"②，故而该年棉产复增。随着粮食价格飞涨，次年棉产再度降低。抗战期间，老河口棉花运销方向大致为：主要由黑龙集、竹林桥、沟林关、下薛集、张家集、太平店、仙人渡、孟家楼等周边乡镇运来；销往镇坪、竹山、竹溪、安康、房县、邓县、南阳、均县、巴东等地，由于武汉的沦陷，销售范围大为缩小，但仍保有陕南、豫西南、鄂西北等地区作为腹地。

此外，由于地处战事前线，老河口也时常遭到日军空袭，商业发展时断时续。据当时官员记载：

> 河口为鄂北第一商场，贸易素称繁盛。自去岁五月遭敌机轰炸数次，六月初一、二日敌军窜抵河口不远，当时市上商民迁徙一空，生意毫无，白昼几成死市，职于六月五、六日亲临其地，曾见其景象凄惨，非常可怜。乃时未一载，此次重来，景象则大不相侔。所有市上被炸房屋，全行恢复，已不复见有残破痕迹，生意应有尽有。而中山公园内外，球场、茶社、酒楼、戏馆，触

---

① 《大同银行关于老河口金融经济调查报告书及业务计划书》，1942 年，上海市档案馆藏，档号：Q296 - 1 - 188 - 4。

② 梁庆椿：《鄂棉产销研究》，第 208 页。

目皆是，且均有人满之患。游客往来如织，歌管之声，不绝于耳，大有承平时代歌舞升平景象，几忘为国难之当头也。①

1940 年日机轰炸老河口，当地市面极为萧条。然而仅仅不到一年时间，就迅速得以恢复。一方面是由于战线推移的缘故，另一方面则反映了老河口作为沦陷区和大后方物资流通的重要中转据点的地位。国民政府在老河口设立米粮、食盐、棉花、纱布、桐油等管制机构，施行战时统制经济政策，并且鼓励商人从沦陷区抢购这些物资运至老河口、樊城等地，由官方管制机构按照市价进行收购。故而有论者以为，"老河口现存之若干花行其技能完全改变，仅具大花贩之性质，从运销学观点言之，可称为大花贩，既不从事介绍交易抽取行佣，亦不自作买卖，主要任务为代军需局及农本局收花，以牟价差之利"②。这样，汉水中游就集中了相当数量的战略物资和各地专卖商人，尤其以老河口为主。由此，老河口进一步巩固了地区商业中心的地位。

抗战胜利之后，对于商埠的重建规划，老河口也是争取挽留尽可能多的商人，避免其流失到樊城等埠，故而在市政建设上颇费精力。③1946 年光化县长朱任生即致电省政府言：

> 本县老河口重建房屋奉令以临时性为限，致商人欲营建者多顾虑停止，或迁往樊城营业，似此情形于恢复河口繁荣影响甚巨。亟宜将河口市区早日勘测确定，俾商民可以开始营建。④

地方政府试图通过市政建设保持老河口的优势，从一个侧面说明了以抗战为契机老河口区域商业中心地位的全面提升。更为重要的

---

① 芦光镕：《视察光化县情形报告》，1941 年，湖北省档案馆藏，档号：LS3 - 1 - 647。

② 梁庆椿：《鄂棉产销研究》，第 242 页。

③ 伍正常：《老河口市第一个城市建设总体规划》，《城建档案》1997 年第 2 期。

④ 《光化市政营建法规及光化县老河口市建委会组织市政建设等事之呈令电》，1946 年，湖北省档案馆藏，档号：LS31 - 15 - 276。

是，在抗战前后，老河口在金融、机器工业、交通等方面也开始有所
发展，构成了汉水中游商业中心转移的各个面相。

1. 金融货币

金融货币是衡量地区商业发展的重要指标。清代前期，樊城有山
陕会馆碑铭所载的 16 家当行和 1 家钱行，老河口的情形并不清楚。
而在清末，襄樊有钱庄 40 余家，老河口则达到了 60 家。① 民国以后，
近代银行成为最重要的金融机构，各大银行在樊城、老河口设立分支
机构的时间如表 1—3 所示。

表 1—3 近代银行在樊城、老河口设立时间

银行名	老河口	樊城
中央银行	1939	
中国农民银行	1935.7	1937.1
中国银行	1941.6	1947.4
交通银行	1944	
中央合作金库	1939	1939
湖北省银行	1933.7	1934.12
聚兴诚银行	1924.6	
华侨银行	1944	
大中银行	20 世纪 40 年代	
中南银行	20 世纪 40 年代	
河南农工银行	20 世纪 40 年代	

资料来源：襄樊市地方志编纂委员会编：《襄樊市志》，第 433—434 页。

从表 1—3 中可知，最早进入汉水中游的近代银行当属重庆的聚
兴诚银行于 20 世纪 20 年代设立的老河口办事处，而 20 世纪 30 年代

---

① 襄樊市地方志编纂委员会编：《襄樊市志》，中国城市出版社 1994 年版，第 430 页。

老河口市面上就有三种大铜元"皆川省流行而来，过河口以下不用"①，都体现了老河口通过陕南、鄂西北与四川的贸易往来。而官方银行主要是在20世纪30年代以后进入，尤其是在湖北进入全面抗战期间。就数量而言，老河口自晚清开始就大大超出樊城，银行设立时间也全部早于樊城。不仅如此，笔者在上海市档案馆还觅见上海商业储蓄银行、大同银行等在老河口设立分行的计划书。可见，老河口是国内各大银行在汉水中游设立的分行、办事处的首选之地。这也在一定程度上体现了老河口在地区商业的重要性已经超过了樊城。

2. 机器加工业

由于汉水中游棉花贸易的兴盛，配套的机器加工业随之而起。20世纪30年代，湖北省棉产改进处就有首先在老河口设立轧花厂的计划，"如逐年进行顺利，则种子区内老河口、襄阳、双沟、枣阳、宜城五处，均各应有新式完备轧花厂之设立，而较小市镇，如光化之巨兴集、谷城之太平店、襄阳之吕堰驿、枣阳之兴隆集，均应有小规模轧花厂之设立"②。

至于打包厂，更是适应棉花贸易而兴。"本地花行以营业上之关系，旧时曾有棉花公共打包场所之组织，由花行数家联合组织一所，代花客打包；嗣以中央政府在老河口设立棉花掺水掺杂取缔所，实行棉花出口查验，于是棉花公共打包场所，为适应环境需要，咸改为正式棉花打包厂，脱离花行而营业独立矣。"至1937年，老河口共有打包厂8家，而樊城仅有4家。③

尽管为棉花输出重镇，老河口当地棉纺织业并不发达，因此需要从外地大量进口棉织品，其中包括光化、谷城等地的土布。土布"在河口贸易旺盛时期，每年销数，约有一百二三十万疋"，设纺织厂于

① 上海商业储蓄银行：《调查襄河内老河口笔记》，1927年，上海市档案馆藏，档号：Q275-1-1782。

② 《湖北省棉产改进处1936年2月2日呈文》，湖北省档案馆藏，档号：LS31-66-207。

③ 中国经济统计研究所：《湖北光化县老河口打包厂概况》，1938年，上海社会科学院经济研究所藏，档号：07-013。

老河口可以靠近原料市场，降低运输成本，故有设厂计划的提出："老河口绾毂鄂北豫西陕南，每年棉花集中产销，在十万担以上，以汉口为终极市场。销纱在一万包左右，则以汉口为初级市场。此中花纱一往一来之运输费用，就万包之原料产品约略计之，每年消耗，至少在三十万元以上。若于此地设一纱厂，就地取棉纺纱，则每年消耗于运输费用之三十万元，可以稳得，且为不变常数，此与外人在我内地设厂制造，以求成本减轻，同一用意。"①

　　抗战以后，大量工厂内迁，老河口对岸的谷城县集中了不少机械工业，盛家镇、茨河镇一带得以推广新式的七七纺织机，兴办纺纱厂、织布厂等部门，②谷城"已成为鄂北各县工业之中心，纺织工厂多半集中于此。共有纺织厂七八处，工人四百余人，业务尚算发展，出品除土布土纱毛巾袜子外，并能织斜纹布、人字呢等式样"，而谷城的纺织业的原料即依靠老河口的棉花供应。③这样的战时工业布局表明了老河口物资供应的重要性。

　　这样，抗战前后，与棉花产销配套的机器加工厂的设立，皆以老河口为指向，其次才是樊城等地。此外，老河口还有电灯厂、面粉厂、肥皂厂等其他近代工业的创立，以满足本地大量的工商业人群的日常生活消费。蔚丰米面碾磨公司一度因陕南兴安一带春粮歉收，打开外销去路。数家肥皂厂也以豫西、陕南、郧阳一带为外销地。④可见，老河口作为汉水流域经济中心的地位不容置疑，而这又主要由地区商业贸易所带动。

3. 交通条件的变化

　　作为重要的交通运输枢纽，樊城、老河口的交通通达性是其成长为地区商业中心的最重要的基础。

　　①　袁仲逵:《设立纺纱厂于老河口建议书》，1935 年，湖北省档案馆藏，档号：LS31 - 6 - 424。

　　②　《盛家镇各社始末概况》，1941 年，湖北省档案馆藏，档号：LS74 - 1 - 51。

　　③　唐元正:《鄂北手纺织业之推广》，《农本月刊》第 57 期，1942 年。

　　④　聚兴诚银行老河口分处:《民国廿三、廿四年度进出口货统计表·出口货类》，1935 年，重庆市档案馆藏，档号：0295 - 1 - 768。

樊城因处汉水和唐白河流域交汇处,水面宽阔,水量充足,一直以来就是我国南北交通往来的重要孔道,尤其是都城位于关中和河洛的中古时代。只是在宋元以前,荆襄通道以驿道为主,水运并没有占到绝对优势。① 此后,水运逐渐成为这一区域最重要的交通运输方式,只是随着都城的迁移,荆襄通道的重要性大为下降,但沟通两湖平原与华北、西北商品流通的功能依旧存在。唐白河是汉江第一大支流,占汉江总流域面积的15%,近代樊城的主要腹地即为唐白河一线。

老河口兴起及其持续发展的交通动力也在于汉水水运优势,地处秦巴山区与鄂北平原的交接地带(见图1—2),地势西高东低,清末、民国时期的不少相关描述,无不凸显了该地在汉水流域交通地理上的特殊地位。如《湖北商务报》言:

> 自汉口溯汉水至襄阳府,此间水量稍深,可通大民船。欲自襄阳府至陕西省西安府,则更溯汉水,经樊城,达老河口。老河口以上,水流甚急,水量亦寡,不得通大民船,但用小民船,溯二百五十三英里,达炉子石,移货物于马背,陆行百英里,至西安府。②

又如陈博文的《湖北省一瞥》:

> 自汉口上溯而上到襄阳道西北的老河口,计程八百九十余里,可以航行小汽船。当夏季水涨时,帆船可以直达汉中道的南郑县,不过上流多险滩沙堆,航行极不容易。汉水初出陕西境入湖北界的小距离中间,两岸都是绝壁,河中又多岩石,水势极激;由此以下到老河口,水量顿增。河面广有二千六百尺左右。

---

① 严耕望:《唐代交通图考》第4卷《山剑滇黔区》,上海古籍出版社2007年版,第1046页。

② 《视察中国汉口复命书》(下),《湖北商务报》1899年8月11日。

自老河口以下，河面忽又狭窄，水落时只得两百尺。①

由上可知，地势的差异使得老河口上下游的汉水水量和流速都有很大不同，唯有老河口一带水量充足，且水面宽敞，适合成为上下行船只的停靠、转换地点。此外，汉水的支流，如丹江、堵河等，亦为可通航河流，沟通秦巴山区几乎所有县份，形成一个以老河口为中心的跨越三省的水运交通网络。

不过，老河口及其以下航程在水运方面也存在一定的劣势。老河口附近，"河流淤浅，非轮船航路停泊口岸，往来通行，仅民有帆船一种"②。而到沙洋、岳口一带，多为河床中的流沙所困扰。冬季时节往往水势减少，大船难以开入，影响下游与老河口一带的货物流通：

> 由老河口至汉口一段，每年阳历四月至十月为大水期间，最大船载重十万斤者，可以通行，普通多行载重 60000 斤之船；老河口至岳口一段，流沙甚多。十月以后，冬干水浅，大船行至钟祥一带，必须提拨；岳口至汉口一段，水势较大，最大之民船及小轮，全年均可通航。③

对于老河口至沙洋航线的其他调查亦有类似的发现："据精通该线情形者云，每岁一交春分，水势即涨，吃水四尺之船即可出入。夏秋之间，船舶吃水重达六尺，亦能直通老河口，毫无阻滞云。"④ 具有明显的季节性的特点。当然，以上调查描述并非绝对。近代实业家张恢元先生1921年的实地调查发现，在2月、3月的枯水期，外国小轮船已经可以驶过老河口，直接进入陕南安康地区。⑤ 尽管如此，就一般情形而言，老河口依旧是汉水航线的中间节点。

---

① 陈博文编：《湖北省一瞥》，商务印书馆1928年版，第42页。
② 《老河口公安局管理船舶办法》，1935年，湖北省档案馆藏，档号：LS31－11－2。
③ 平汉铁路经济调查组编：《平汉铁路老河口支线经济调查·鄂北之交通》，第4页。
④ 《武穴票总刘智调查报告》，1935年，湖北省档案馆藏，档号：LS39－1－477。
⑤ 《安康县文史资料选辑》第4辑《安康汉江航运史》，内部出版，1990年，第191页。

此外，近代公路网络的初步形成也对这一地区人流物流的畅通提供了不少便利，近代相继落成了襄花（樊城—花园口）、襄沙（沙市）、老樊（老河口—樊城）、老白（白河）、老孟（孟家楼）等公路。尤其是襄花公路：

> 自去春（1926 年 3 月）长途汽车此地开行以来，较称便利……惜国人办事，每难统一，未竟全功。该路线区之数百里，各具势力范围，竟各售各段客票，共有三次之多，以致行旅皆称"便中感困"矣。且车位毫无秩序，钟点亦难准时，该车每小时不遇损坏耽误，可行数十里。由花起行，到襄毫无阻隔，二三（日）可到。如遇军事调迁，停售客票。倘系天雨淋漓，路难通行，则耽误时日，亦难定料。随身带件，小包件则可，大包件为艰，否则照添人票。而车资由花园起，三段购买，每客共需洋十二元之谱。虽属有此困难，而商民依然愿就斯道，因总觉比船行较有预算。倘果遇阻隔，只有奈何徒唤耳。①

尽管有种种缺点，但是汽车运输作为一种近代新式交通方式，沟通了水路通达不便的枣随走廊等地区，尤其是在工商阶层的人员流动方面，扩大了商埠的影响范围。特别是襄花线的建成与延伸，将这一地区与平汉铁路连接起来，成为铁路的有效延伸。而以老河口中心的公路建设，已将老河口同豫南、陕南连接，使之成为"鄂北公路中心"②。

至于铁路，尽管抗战前夕已经有平汉铁路老河口支线的建设计划，但是直全 1949 年，都没有建成。相反的是，平汉铁路建成以来，吸引了陕西、河南大片地区的物流人流，使得老河口、樊城的货源地范围缩小不少。故中国旅行社的调查人员对于老河口支线的建成怀着

---

① 上海商业储蓄银行：《调查襄河内樊城笔记》，1927 年，上海市档案馆藏，档号：Q275 - 1 - 1782。

② 梁庆椿：《鄂棉产销研究》，第 220 页。

无比的憧憬："平汉支线不久告成，沿线各地商务势必逐能繁荣。"①

　　可见，陆路交通虽然灵活便捷，但是近代公路网并不健全，其涵盖地区远不及水路广大，且其运输费用也高出水路不少，故普及程度有限。因此，内河航运成为决定商业影响范围大小的重要因素。陆路交通的建设虽有以老河口为中心的倾向，但这也是以该埠水路交通贸易为基础的具有补充、强化性质的举措。由于老河口的兴起，几乎涵盖了其上游、秦巴山区诸多城镇的商业贸易，樊城的商业腹地则大为缩小，这也是地区商业中心变动的一个重要方面。

图1—2　近代鄂西北交通形势

四　结语

　　在商业地理学中，衡量地区商业中心的一项重要的指标便是其商业辐射范围，进而确定其商贸取向。在这样的前提之下，流通商品的构成与来源无疑是影响区域商业中心发展与变动的关键性因素，而交通通达性很大程度上影响了商品的流通格局，金融业、配套加工业的分布状况等也同商业地理变化密切相关。就近代化的探求方式而言，

---

① 董幼南：《鄂北调查报告》，1937年，上海市档案馆藏，档号：Q368－1－193。

从近代亚洲市场的形成角度入手，较之从工业化过程着手，更容易寻求到各个国家地区所处的位置和所发挥的作用。①

作为中国腹里地带的汉水中游地区商业城镇，其成长与变动也经历了从传统商品经济到近代外向型经济的转变，其贸易方向从南北商品对流转变为东西部间原料与加工品的流通。樊城扼南北贸易的水陆要道，而老河口则是居东南—西北方向水路之节点，两者在商业功能上亦日趋分异。至于老河口、樊城两埠致力于各种土货物品的输出，"甘在天演淘汰之列，而市场亦遂转变为国际贸易时代矣"②。从当时的技术水平而言，土特产输出换取工业品的输入，尽管不利于整体经济水平的提高，却是符合商业利益的要求，并没有在近代经济的冲击下完全衰退，恰恰反映了近代汉水流域商业市镇对于近代经济的适应，以及地区间贸易连锁在方向上的变化。

尽管如此，对这一地区商业中心的成长与转移的影响也不宜有过高的估计。因为从整个区域商贸网络来看，造成该地区商业地位下降的因素逐渐增多，尤其是来自交通方面：一方面，"自平汉铁路完成（1906），豫西商旅，一部分已转就许昌，借铁路为出入之道路。最近陇海铁路展至西安（1936），陕西商旅，亦以铁路运输，安全而敏捷，一部分改趋西安交易"③。现代铁路网络的初步建成，形成了新的商业中心进行输出竞争，导致了以水运为主要交通方式的汉水中游商埠影响范围缩小。另一方面，随着交通通信技术和金融活跃程度的提高，从三四十年代开始，汉口的直接影响力日益向汉水中上游扩张。如1937年，平汉铁路调查者就发现"近年因种种原因，各产地通水运者，常直接运销汉口，不复全数集中于老河口，老河口之桐油交易量，遂见减少矣"④；十年之后，这样的情况依然存在，"上游虽曾来货3000余担，多数为直接运汉长水。盖因安康与汉口消息灵通，而

　　① ［日］滨下武志：《近代中国的国际契机》，朱荫贵、欧阳菲译，中国社会科学出版社1999年版，第3页。
　　② 聚兴诚银行老河口分处：《民国廿三、廿四年度进出口货统计表·出口货类》，1935年，重庆市档案馆藏，档号：0295－1－768。
　　③ 平汉铁路经济调查组编：《老河口支线经济调查·老河口经济调查》，第1页。
　　④ 同上书，第13—14页。

安康至河口沿途均有长途电话，随时开放，故市面油商对汉桐趋势亦极敏感"①。陕南的桐油越来越倾向于直接运销汉口，而不再选择在老河口抑或其他汉水流域沿岸商埠转运，这也极大地削弱了该地区的桐油贸易功能。

---

① 《经济部中国植物油料公司老河口分处关于油料购运业务等问题致函汉口办事处》，1947 年 2 月 20 日函件，湖北省档案馆藏，档号：LS47 - 2 - 199。

第二章

汉水下游的商业市镇发展

一　近代沙洋镇的商业贸易

沙洋镇是汉水下游的重要商埠，本节立足于经济地理学（商业地理）的角度，对近代沙洋镇的商贸发展过程进行初步考察。

1. 商埠的成长

沙洋作为地方的商贸据点形成较早，明代即为荆门州的"五市"（城南、城北、沙洋、新镇、乐乡）之一。① 由于汉水河道的不稳定性以及传统经济的影响，沙洋的商业并不起眼，明代史料中对于该市镇的记载也往往集中于堤防建设方面。地方性的经济中心在荆门治内。随着1568年关帝堤的修筑完成，沙洋一带的汉水得以有效控制，开始形成一定规模的商埠。1855年又设立厘金局，负责征榷上下过境货物，表明沙洋镇已经成为汉水流域重要的商品流通口岸之一。

清代沙洋镇设立州同（级别高丁知县），地区行政地位仅次于荆门直隶州城，有文人详细地回顾了沙洋的行政地位的变化：

> 沙洋古绿麻城也，明废为镇。东临汉水，西倚黄家山，南北两堤势如展翼，舟车九达，水陆交通，实荆襄堂奥，秦、宛、湘、蜀之要津。据荆门州治百二十里，昔隶安陆府，故安陆郡丞

---

① 万历《承天府志》卷5《乡市》，《日本藏中国稀见地方志丛刊》，书目文献出版社1990年影印版，第97页。

驻焉。乾隆九年，州牧任丘舒公成龙与州同江公允相承修沙洋大堤暨小江湖堤。堤成，江公留此防汛，居民舍，人遂以江厅称之，亦犹庾楼孟亭也。乾隆五十六年，升荆门为直隶州，辖当阳、远安二县，设沙洋水利州同，移安陆郡丞于旧口。①

可见，在明清时代，沙洋镇行政地位的提升主要是由于地处汉水水利工程要冲的缘故，其次才是商业上的因素。然而，随着清代堤防的进一步修筑巩固，沙洋的商业也开始发展。到了清末民初，沙洋镇主要以集散上游石牌镇以下的汉水流域农产物为主用商业功能，包括大豆、小豆、蚕丝等。此时，沙洋镇依旧是"城内寂寞，人家寂寞"②的普通小镇，经济地位有限。

到了 20 世纪 20 年代，荆门城内"以衙门街及南门街最为繁盛，多钱庄、米行、银号"，"农产谷蔬具备，但无输出"，保持了传统时代经济的面貌；而沙洋"因当交通要冲，故商况殷盛。附近产稻、麦、黄豆、胡麻、蚕豆、豌豆等"③。"全县商业多萃于此，所以繁盛过于县治。城内居民要到武昌、汉口去，都得先到此地，然后才能附汽船下行。"④沙洋的商业发展程度已经超越荆门，成为县域内的第一商埠。

在 20 世纪 30 年代，沙洋完全成为荆门最重要的商品输出口岸。据调查，荆门出产的不少商品都经由沙洋输往汉口以及沿江、沿汉等地，主要有：谷、米、小麦、芝麻、黄豆、绿豆、皮花、棉籽、李子、柿子、红薯、花生、胡桃、西瓜、栗子、柴薪和煤炭等。⑤由此，荆门改变了以往自给自足的状态，通过沙洋纳入汉水为纽带的广阔的贸易网络之中（见图 1—3）。

---

① （清）张福镇：《仰舒堂记》，载同治《荆门直隶州志》卷 11《艺文志·记》，《中国地方志集成·湖北府县志辑》，江苏古籍出版社 2001 年影印版，第 41 册，第 497 页。

② 东亚同文会编：《支那省别全志·湖北省》，1918 年，第 117 页。

③ 白眉初：《中华民国省区全志·鄂湘赣三省志》，中央地学社 1927 年版，第 134 页。

④ 陈博文：《湖北省一瞥》，第 54 页。

⑤ 《湖北荆门县物产状况暨行销情形》，《工商半月刊》第 3 卷第 5 期，1931 年。

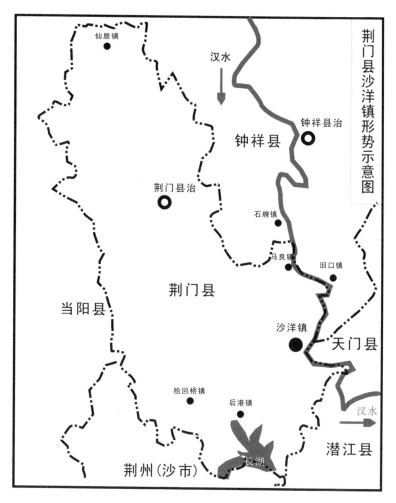

图1—3　近代沙洋镇地理形势

　　沙洋市镇的成长不仅超越了荆门，也超越了其他市镇，尤其是后港、拾回桥等其他重镇。对比乾隆《荆门州志》和同治《荆门直隶州志》对于集镇的记录，两版方志皆为177个，主要的变化在于：乾隆志中仅沙洋一镇，其余皆为集、铺；同治志则多了后港镇和拾回桥镇，镇的数目增加到三个。此时，荆门知州王庭桢在州城和重要市镇兴建善堂，"其费取给市镇，各视力之优拙，按月输赍"。在他的笔下，能称为商贸重镇也是这三个镇：沙洋"商贾辐辏，货者往往居奇"①，后港"滨临长湖，舟楫往来，商贾辐辏，称为繁盛"②，拾回桥"称巨镇，商贾懋聚"③。而建阳镇，"其地非繁盛，阛阓无多"；马良镇，"其地甚瘠苦，难集巨资"④。故而，通过善堂资金来源广隘便可看出各镇间的差距。但是由于统计数据的缺失，我们并不能看出沙洋等三镇之间的差距。只有近代文献提供了这样的信息。

据民国湖北省民政厅的统计，整个荆门地区，"输出之商品，以谷米为大宗。棉花、小麦、高粱、芝麻等次之。输入商品，以食盐、煤油、杂货为大宗，疋头次之。全县商场以沙洋较为繁荣。内以杂货、疋头贸易为多，花行、粮行、山货行等次之，贸易总额年约一千万元"。其中，拾回桥"以粮米行最多，杂货、疋头、油坊次之，贸易年约三百万元"；后港"以杂货、疋头贸易为最多，粮行、鱼行等次之。贸易总额年约二百万元"⑤。可见，在近代荆门各市镇中，沙洋的商业贸易总额是遥遥领先的。这一地区的"货物集散地以沙洋为最盛，拾回桥、后港、县城及刘猴集等地次之"⑥，形成了以沙洋为地区商业中心，县城和若干较大市镇作为第二层级商业城镇的地理格局。

综观明清、民国沙洋镇在地区商业地位的变化过程，主要是随着堤防的修筑，成为汉水中游重要的商业节点；进而取代荆门县城及其他各镇，成为地方性的商业中心，将这一地区的主要商贸活动转移到汉水沿岸，体现了水运在汉水流域的强大优势。

---

① （清）王庭桢：《兴善堂记》，载同治《荆门直隶州志》卷11《艺文志·记》，第472—473页。

② 同上书，第474页。

③ 同上书，第475页。

④ （清）王庭桢：《崇善堂记》《敦善堂记》，皆载于同治《荆门直隶州志》卷11《艺文志·记》，第476—477页。

⑤ 湖北省政府民政厅：《湖北县政概况》第4册《荆门县》，铅印本，1934年，第925页。

⑥ 杨明华：《旧资料中关于沙洋工商情况的记载》，载《沙洋文史资料》第1辑，内部出版，1991年，第111页。

2. 主要商业及其辐射范围

商业集聚和辐射力是一个城镇作为商业中心的重要衡量指标。米粮业、棉花业、杂货业和疋头业是沙洋镇最重要的四大商业经营行业。以下具体考察这四个行业经营状况和辐射范围，进而探讨近代沙洋镇的商贸取向。

荆门地区是重要的粮食产地，每年有大量的米粮输出。"丰收一年，若不出境，可供本县人口三年之食。"① 明清时代沙洋即为重要的粮仓所在地，一度包揽了荆门全州除州城以外所有米粮征集。② 沙洋的粮行，按照地域分布分为河粮行和街粮行两种。河粮行，即临近汉水、主要经营本地粮食对外输出的粮行；街粮行，集中于坪街、横街、码头街等处，以代粮贩子卖粮为主要业务，即负责本地粮食的吸纳。粮行的河、街之分，表明了沙洋粮食市场在职能和地域上的分工。据不完全估计，沙洋有粮行上百家，每年从这里输出的粮食大约为四千万公斤。输出方向主要是汉江下游若干缺粮县镇：

> 沙洋粮食运销的地区是汉江岳口以下的一些县镇。有的地方是人多田少，产粮不够吃。如汉川的马口，人均几分地，有一部分人以驾船为业。一部分人出外做生意，赚几个钱带回去养活家口。有的地方，是在河边湖边围的小垸子堤。汉江一年要发多次洪水，垸堤经常被打破，农田受淹，需要买粮食吃。如现在很繁荣的仙桃市，是过去的沔阳。当地传的俗语："沙湖沔阳州，十年九不收。"这些地方靠沙洋源源不断的大米，填补了当地粮食的不足，稳定了粮价。③

正是荆门沙洋一带丰富的粮食生产与输出，对汉水下游粮食市场

---

① 刘振东主编：《湖北省》，南京中央政治学校研究部 1940 年版，第 26 页。

② 乾隆《荆门直隶州志》卷 14《赋役·沙洋仓图说》，《中国地方志集成·湖北府县志辑》，江苏古籍出版社 2001 年影印版，第 40 册，第 135—136 页。

③ 冯锦卿：《旧沙洋的米粮市场》，载《沙洋文史资料》第 1 辑，第 192 页。

起到了重要的调剂作用，使以棉花、丝蓝为主要支柱的仙桃镇等地的社会经济稳定得以保障。沙洋米粮业的发展，体现了汉水下游各商业节点间的密切关系。而且，与同为米粮输出口岸的拾回桥、沙市等商埠相比，沙洋所输出的是熟米，质量把关亦严格，① 故而其米粮业在市镇商业中首屈一指。

至于棉花业与疋头业，都是在本地土布业衰微的基础上兴起的。沙洋土布的来源"都是沙洋附近的农村妇女自纺棉纱织成布后，由男的背到沙洋布行去卖"，即著名的"荆庄大布"，"土纺土织，作为家庭副业生产的土布相当可观"②，"许多省的客商都在此设有会馆，经营荆庄大布。其中以山西、甘肃、陕西帮最大"③。销量极广。不过，近代以来沙洋土布被洋布所排挤，深受冲击：

> 沙洋在民国十年（1921）前后，日本洋布就大量进入市场。因其颜色好、花色好、价格廉、外观美，使土布生产、销售受到严重打击。日货四君子元青直贡呢宽二尺三寸，每疋七元多，疋头店开始零售每尺六百多文铜元。元青土布一尺宽价三百七、八十文，日货彩球白细布二尺七寸宽，每尺四百多文，一尺二寸宽的土布每尺售二百多文，比较起来，买洋布便宜美观。日本匹头在沙洋就打开了销路……随后国产和英国所产疋头也大批进入沙洋市场。在这个转折关头，原来的土布店老板和管事先生思想敏锐、转向转得快的，以销疋头为主，业务得到扩展。如"和顺祥"、"傅广大"、"元康"等……小心谨慎的，仍以土布为主，兼营少量疋头，业务逐渐衰退。如"永盛德"、"庆裕厚"、"王生记"等。还有一些布店认为土布是广大群众日常做衣不可少的物资，日货只好看不耐穿，时间长点，它的销量还是抵不过土

---

① 冯锦卿：《旧沙洋的米粮市场》，载《沙洋文史资料》第 1 辑，第 189 页。

② 刘厚培、宋全：《沙洋手工业旧貌（1910—1949 年）》，载《沙洋文史资料》第 1 辑，第 200 页。

③ 赵振业：《荆庄大布》，载《沙洋文史资料》第 1 辑，第 171 页。

布，坚持不卖洋货。结果只二、三年时间，商店就倒闭了。①

在本地土布业衰微的背景下，沙洋市场形成棉花输出与疋头输入的格局。"沙洋周围百里以内，包括荆门城南和京山、天门、钟祥、潜江等县的部分乡村所产棉花，全部运来沙洋销售。通过水运运往汉口、上海等地。"② 凭借水运优势，沙洋成为周边县镇的棉花集中地，纳入汉口的棉花输出网络。至于疋头，"货都是在汉口疋头批发店购进"，批发业务辐射面基本上在沙洋周边，包括"沙洋四周的集镇，像新城、李市、后港、沈家集、团林铺、许家集、麻城、马良镇的小店外，还有荆门县城关，仙居、当阳的清溪镇、钟祥县城关、旧口镇、石牌镇，京山县的永隆河镇、天门的多宝镇等地疋头零销店也都在沙洋进货"③。疋头则是逆向由汉口输入沙洋，进而扩散到周边县镇。

杂货业以食盐为主。"经营批发业务的大杂货店均在沙市向大昌裕、永裕、大陆等盐号购买川盐、芦盐。"此外，糖、火柴来自汉口，桐油、烟叶等来自樊城、老河口，④ 皆为沙洋及其周边聚落所需之民生必需品，种类复杂，来源亦多样。

综上所述，近代沙洋镇的四大商业可以清晰地分为两类，即以米粮、棉花为中心的本地农产品的输出和以盐布为代表的外来民生用品、手工业品的输入，这成了沙洋镇最基本的商业功能所在。其依靠腹地以荆门县为主，并超出县境，涵盖钟祥、天门等鄂中诸县，主要对外贸易方向则在汉水下游一线。

3. 商业繁荣的背后

如前所言，沙洋镇从明代小集市到清代以来的商业重镇的发展历

---

① 冯锦卿：《抗战前的沙洋疋头行业》，载《沙洋文史资料》第 1 辑，第 148—149 页。

② 杨明华：《千年风雨话沙洋》，载《沙洋文史资料》第 1 辑，第 12 页。

③ 冯锦卿：《抗战前沙洋的疋头行业》，载《沙洋文史资料》第 1 辑，第 151 页。

④ 冯锦卿：《沙洋抗战前杂货业的经营概况》，载《沙洋文史资料》第 1 辑，第 114 页。

程中，逐渐超越荆门，成为县域的商业中心，进而成为鄂中汉水沿岸诸县镇的商品集散中心，经济地位的提升颇为引人瞩目。

商业的发展促进了沙洋市镇的发展。如疋头业积累了相当的资金，"由致大陈葆生领头创办的从沙洋行驶汉口的'长林'小火轮，'协昌'电灯公司等，就是几家大行业的大商店搜集资金办起来的"。此外，还酝酿筹办棉花打包厂、面粉厂等配合主干商业的机器加工厂。① 这些都促进了市镇的近代化进程，加强了汉水流域商埠间的经济联系。随后即是行政级别的提升，三次设市，又成为市辖区、独立县份。尽管有所反复，但都是对沙洋经济地位的确认。

但是，在沙洋镇商业繁荣，跻身近代湖北八大市镇之列的背后，却蕴藏着汉水流域经济地理格局的巨大变化。最为显著的是，疋头业和棉花业的兴盛，很大程度上是以牺牲本地土布业为前提的，其结果便是明清时代汉水流域远销包括西北、西南广大地区的土布的极大萎缩，鄂中各地形成以棉花原料输出、疋头输入的典型近代腹地经济结构。由此，沙洋、荆门等地商业虽然仍旧以国内贸易为主，却丧失了重要的手工业产品输出地的地位，成为汉口为首的"港口—腹地"近代经济地理格局的一环。商业繁荣后所引进的机器加工业也是以辅助原料输出为目的，无法改变本地区的产业技术低下的局面。至于米粮的输出，虽然是沙洋的传统商业，但输入地同为以棉花输出为主导的仙桃镇等地，其意义也主要在于汉水下游市镇间的协济，不能高估。有论者以为，沙洋疋头业、米粮业的发展，可以"活跃市场""资金回笼"，给予极高的评价。② 我们在承认近代沙洋商业兴隆的同时，需要以"中心—边缘"理论反思，那么，沙洋在近代经济的巨大变迁中，实际上扮演的是半边缘区的角色。③

二　沔阳县的商业市镇体系

江汉平原湖洼地带主要分布在今仙桃、洪湖、天门、监利、沙市

---

① 冯锦卿：《抗战前的沙洋疋头行业》，载《沙洋文史资料》第1辑，第155页。

② 同上。

③ 王列辉：《中心—边缘：近代中国经济格局的转变》，《安徽史学》2009年第4期。

一线，河流呈带状分布，湖泊星罗棋布，主要聚落则分布于海拔 50 米以下的河间洼地之中。长期以来，这一地带饱受洪涝灾害，同时又孕育出不少重要的商业市镇，明清以来的沔阳县市镇发展轨迹可为其中的代表。

1. "乡镇之多，甲于邻境"

沔阳县的设置可以追溯到唐朝。北宋一度降格为沔阳镇，后升为玉沙县，隶于复州（治所在景陵，今天门市）。南宋末年则将复州州治迁至沔阳。明代为沔阳州，隶属承天府，下辖竟陵县。清代，竟陵县划入安陆府，沔阳县则划入汉阳府。民国时期仍为沔阳县，1949 年后分置沔阳县（今仙桃市）和洪湖县（今洪湖市）。从沔阳设县时代来看，这里是湖洼地带较早得到开发的地区之一。不过，更早设置的是景陵县，沔阳由其划出。此后，汉水北岸的景陵在宋代一度超越了沔阳，成为州一级治所所在地。不过宋元以后，沔阳的经济开发进一步发展，两县的政治地位趋于对等。清代以后，沔阳县域内南北两个巨型市镇——仙桃、新堤的迅速崛起，最终使得沔阳县一分为二。这一长期的行政区划变迁，从一个侧面反映了江汉平原湖洼地带的经济开发的历程，而设县的过程又往往与市镇的不断发展有密切关系。

宋代，这一地区即有一些建制镇、草市的出现，是两湖地区建制镇、草市较为集中的地方。由于唐代以来已经具备了良好的农业基础，这些镇、市当为商业贸易的产物。[1] 明代的《沔阳志》中，被官方认定的集市和市镇共有 22 处。[2] 不过，除去竟陵县的市镇数，沔阳也仅占半数。但三个重要的市镇皆在沔阳境内：沙镇（在沙湖）、茅镇（在茅埠）和长汀。清代，沔阳市镇发展达到一个高峰期，《沔阳州志》的编纂者不无自豪地写道：

---

① 杨果：《宋代两湖平原历史地理研究》，武汉大学出版社 2001 年版，第 192、216 页。

② 嘉靖《沔阳志》卷 6《提封下》，《天一阁藏明代方志选刊》，上海古籍书店 1961 年影印版，第 54 册，第 161—163 页。

沔地大物侈，四乡碁市星罗，而又南滨大江，北控广汉，商
贾辐辏，往来殷繁，百货滞鬻，乡镇之多，甲于邻境内。①

此后，《沔阳州志》列出了 143 处集镇名，其中东乡 31 处、南
乡 47 处、西乡 30 处、北乡 25 处。又分别列出各乡最大市镇所在，
分别是东乡的沙湖，这是宋代以来的古镇，南乡的新堤、西乡的段
家场和北乡的仙桃镇。考虑到这一时期沔阳县的汉水、东荆河、通
顺河等主要河流堤防建设已经大体上连成一线，基本形成了系统的
防御设施，随之而来的是汉水中下游地区的人口重心、经济重心逐
步由中游向下游转移。② 据此，沔阳的市镇数量激增的原因也不难
理解。

2. "沔阳三镇"的变化

引起笔者注意的是，前引《沔阳州志》中"仙桃镇"之后的小
字提道："与沙湖、新堤为沔三大镇。"可见，在明清时代，沔阳已经
形成了三大巨镇鼎力的格局。不过，近代的文献对于沔阳三镇的记载
却有出入：

（沔阳县）物产东南以稻为大宗，北乡以丝、花为大宗，丝
惟彭家场、仙桃镇、通海口为最著名，据汉口商界云：沔阳三
镇。丝产可与江浙蚕丝相提并论，还有特产地骨皮俗名野枸杞，
系最好药品。③

至迟到 20 世纪 40 年代，沔阳三镇的概念已经发生了转变：除了
仙桃镇以外，新堤镇和沙湖镇为通海口镇和彭家场镇所取代。1989 年
新修的《沔阳市志》也认同了这样的转变：彭场镇"民国时期发展

①　光绪《沔阳州志》卷 6《建置志·乡镇》，《中国地方志集成·湖北府县志辑》，江
苏古籍出版社 2001 年影印版，第 47 册，第 86 页。

②　鲁西奇、潘晟：《汉水中下游河道变迁与堤防》，武汉大学出版社 2004 年版，第
408 页。

③　刘振东主编：《湖北省》，中央政治学校研究部 1940 年版，第 118 页。

成沔阳三大镇之一"、沙湖镇"明初为沔阳州三大镇之一"①。可见，民国时代，沔阳县的市镇格局又有新的变化，即县域北部的丝绵集散市镇发展较快，而县域南部的米粮集散市镇的发展略微逊色。此外，旧湖北省民政厅的调查报告并没有采取"三大镇"的说法，而是列举了沔阳最重要的五大市镇：

> 县有镇市五：南曰新堤，背湖面江，扼湘鄂之咽喉，前清商务颇盛，近已衰落。北曰仙桃镇，在汉水之沿，上通荆襄，下达武汉。中曰峰口，地临长夏河，民国初年，全县人士主迁县治于此，以其地位适中便于治理也，卒因专势未果。东曰彭家场，当通顺河与东荆河会合之处。以上四处均有小轮航行武汉。西曰通海口，在州河之旁，水涨时可以直通武汉，商务渐复旧观。②

综合比较以上文献的记载，在明清和民国的"三大镇"中，唯有沙湖镇在民国时期明显衰退。其实，这一衰退过程在清道光年间就已经显露出来。戚氏是沙湖镇大姓，然而发展仍然缓慢，道光二十七年（1847），戚少保"始登进士第，出宰湘南，累功擢至郡守，族众才二三十家。所居沔之沙镇地窪下，以故少积聚"③。沙湖镇"为入江扼要，蔑鱼之饶甲楚中，贩者多以此致富"④。可见，渔业是该镇的支柱产业，与北乡丝绵、南乡稻米为主体相比，市镇发展具有一定的不稳定性。此外，沙湖还常常遭到洪水破坏，道光十一年（1831）的特大洪水几乎将该镇毁于一旦：

> 沙镇居沔东，地窪多水患，前史所纪天灾未若今道光辛卯之最异者也。……富家雇大舟泊屋角防不测而猝不及谋，竟有全家

---

① 仙桃市地方志编纂委员会编：《沔阳县志》卷1《地理·城镇》，华中师范大学出版社1989年版，第53页。

② 湖北省政府民政厅：《湖北县政概况》第3册《沔阳县》，第792页。

③ （清）王柏心：《戚氏义田记》，载光绪《沔阳州志》卷11《艺文志·记》，第626页。

④ 光绪《沔阳州志》卷3《建置志·乡镇》，第87页。

莫保者……沙镇曾遭水害较今小二尺，时米价廉，人可生活，今石米钱五千，豆石钱三千，且本院既无平土可居，欲流徙他乡，而邻县亦俱淹没……沙镇近年奢丽成风，迎神赛会争相雄胜，一切伤风败俗，奸盗伪诈，上干天怒，灾由恶生……①

在道光以前，沙湖镇一度"奢丽成风"，风光一时。而1831年的大洪水将这一市镇几乎完全冲毁，大户人家有"全家莫保者"，更不用提普通百姓。那么晚清以后，沙湖镇元气大伤，退出了"三大镇"的行列。

民国以来兴盛的通海口、彭家场等市镇，皆有赖于水道交通和丝绵贸易：

各市镇之较为繁盛者，多赖丝蓝棉花业。东之彭家场，西乡之通海口，南乡之新堤镇、峰口、北乡之仙桃镇、脉旺嘴，均滨江临河，交通便利，丝棉各商，均设庄于此，商业颇为发达。惟县城因交通不便，迭经灾燹之后，商业较为萧条。②

沔阳北部是江汉冲积平原，土壤肥沃，棉桑产业在清代即已颇为繁盛。通海口位于西乡，靠近沔阳县城，南临东荆河、东乡的彭家场更是位于东荆河与通顺河的交汇处，它们与仙桃镇从东南、西南和北部控制了沔北的桑棉输出，进而形成了新的"沔阳三镇"的格局。而新堤镇在清末民初还保持着以粮食转运为主要功能，在桑棉贸易极为繁荣的大环境中，该镇商贸受到一定限制，虽未能列入新的"三大镇"行业，但是很快地利用长江水道的便捷，保持了沔南巨镇的地位（见图1—4）。

3. 南北两大巨镇的对峙

新堤镇在民国年间，一度不为外界所看好，代表性观点即认为新

---

① （清）戚天植：《沙镇纪略》，载光绪《沔阳州志》卷11《艺文志·记》，第629—630页。

② 湖北省政府民政厅：《湖北县政概况》第3册《沔阳县》，第812页。

堤镇主要是邻近地区的农产品集散市场，以此输出汉口活跃市场，输入杂货为主，而本地出产商品极少。① "新堤本地，并无大宗土产，其繁荣之故，实因地位良好，扼两湖咽喉、临长江、通内河，在昔关卡存在时，湖南木商之木排，出湖南岳州，至新堤完关；而临近各县如监利之朱河与潜江、嘉鱼属之太平口、与本县之通海口、峰口等，因无轮船通行汉口，均用轮船运货至新堤，彼此互相交易，是以新堤商业，纯属过载性质。"②

传统时代，在国内贸易占据绝对性优势的贸易背景下，粮、盐是最重要的商品，也是衡量城镇繁荣的重要指标。不少著名的传统商业城镇即以地处粮食、盐的运输要道而兴盛，成为重要的粮盐集散地，形成商贾云集、市场繁华的景象。新堤即有"帆樯云拥，百货转运，

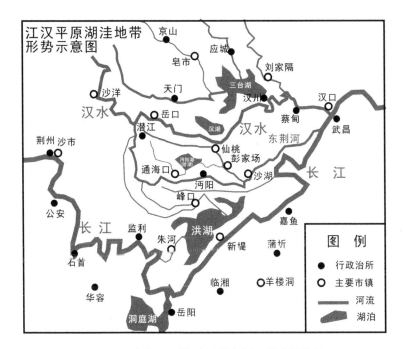

图1—4　江汉平原湖洼地带与沔阳县市镇格局

①　东亚同文会编：《支那省别全志·湖北省》，1918年，第124页。
②　中国经济统计研究所：《湖北沔阳县经济调查》，1935年，上海社会科学院经济研究所藏，档号：02-026。

远通湘蜀"之气势。① 然而，近代以来，中国的贸易格局扭转为以原料输出为主导，粮盐贸易退居其次。棉花、桐油贸易取代传统的粮盐贸易，成为两湖地区最重要的商业。江汉平原、汉水中下游地带以棉花输出为主。在如此的贸易环境之下，新堤镇商业一度因为棉花输出不及沔北诸镇而边缘化，但是很快该镇的商品结构就调整为以丝绵为主导。

当时新堤商人陈焕章，其先人以经营钱庄为业。在民初，清代的新堤木关（即榷关）不再，陈焕章审时度势，"毅然将陈祥兴钱庄易业，更名为祥兴元布店"，应对机械纺织品排挤农村土布之势。② 可谓是新堤市镇商业转向之代表。很快，在 20 世纪 20 年代的记录中，"新隄镇离城东南约八十里，是长江轮船停泊之处，近来商贾云集，商务极为兴盛，输出品以丝绢练绸为大宗"③。到了 20 世纪 30 年代，新堤已经拥有大量的经营皮花业者：

> 因对江、嘉属太平口、万成院，与监属朱河为产棉区，故营皮花业者，市镇与乡村合计二十余家，共有机二百二十五乘，每家大约有资本千元。如有机十乘，则值洋二百元左右，其余作为营业资本，每年仅作工半年，其原料以每家十机计算，每家每日需用棉花十五担，每机女工二名，平均每日出皮花五十斤，运往汉口出售……此外，尚有益丰机器米厂，成立于民国二十三年十二月，资本一千元，雇工人八名，其原料多来自沔阳县属峰口一带。④

此时，新堤镇已经利用长江水运，发挥自身的集散优势，进而将周边农村的棉花输出作为自身的主要商业，形成规模经营。

---

① 光绪《沔阳州志》卷 3《建置志·乡镇》，第 88 页。

② 刘孟熙：《祥兴元布店经营史》，载《洪湖文史》第 4 辑，内部出版，1988 年，第 142 页。

③ 陈博文：《湖北省一瞥》，第 34 页。

④ 中国经济统计研究所：《湖北沔阳县经济调查》，1935 年，上海社会科学院经济研究所藏，档号：02 - 026。

另外，沔阳南乡的峰口也是近代以来发展迅速的市镇之一，当府场河分流进入长江、洪湖的要道。如前所引，"民国初年，全县人士主迁县治于此，以其地位适中便于治理也"。较之沔阳县城，峰口水运便利，"为谷米杂粮之产区，其农产品可由内河输出与汉口或新堤互市"，适合作为新的全县政治中心。20世纪30年代湖北省建设厅"有小火轮由汉口直开峰口，不再假道新堤，致新堤商业受其影响，又因江滩淤塞，轮船靠埠困难，该地商场不免有每况愈下之势"。峰口的人流物流较大，对于新堤商业发展具有一定影响。不过由于地理较为居中，水运优势不及新堤，且粮食加工也需要依靠新堤，贸易额有限，峰口作为商业市镇的影响自然大大降低。

至于沔北的仙桃镇，自明清以来就一直位居"沔阳三大镇"之列，地位没有动摇。"当汉流之冲，帆樯往来，阛阓周市，商贾云集，盖沔北一巨镇也"①，是汉水下游沿岸重要的物资集散市场。据调查，仙桃镇的出产以丝绵为大宗，此外还有小麦和杂粮的输出：

> 每年午季，丝兰出产为大家，小麦次之。丝兰例有申汉客届期采办，及本镇行号贩售，当地有兰灶十二家，每年出丝约三千石。以洋数论，约值四、五十万元。歉年照减。秋季以棉花为大宗，杂粮次之。棉花年丰可出三、四万石，约值一百二、三十万元。小麦、杂粮早年本有正式汉庄常川驻办，近数年因过载行办理不善，客每受亏，均裹足不前。故据谈，该埠市面因杂粮无正式采客，较前见减。倘不再谋振作，除丝、绵两种而外，余不足道也。②

同新堤镇的情形相似，仙桃的小麦、杂粮等的输出在近代商业中显示出疲软的态势，外地的采办商人热衷于丝绵的输出，使得该镇的

---

① （清）黄富春：《仙镇集诚书院记》，载光绪《沔阳州志》卷11《艺文志·记》，第628页。

② 上海商业储蓄银行：《调查襄河内仙桃镇笔记》，年代不详，上海市档案馆藏，档号：Q275-1-1782。

商品贸易内容日渐趋于单一。本地的粮食消费则需要仰仗上游的沙洋、下游的汉口等埠的输入，当地流传有这样的俗语："沙湖沔阳州，十年九不收。"①

这样，尽管地方文献上一直有沔阳"三大镇"之说，实质上是沔阳社会经济发展进而促使县域市镇迅速发展的一种表现。同时，"三大镇"在近代的变迁也反映了沔阳地方经济从传统的粮食转口、棉花和水产输出转变为以丝绵输出为导向的近代经济面貌。随着近代经济的进一步发展，实际上演变为沔阳县域内南北两大市镇对峙的局面：

> 人民素重乡土观念，除外营商者极少，新堤、仙桃两镇，商业资本额在五万元以上者，约有八九家，其他市镇商家资本额满一万元者殊不多观。输入商品，以疋头、洋纱、杂货为最多；输出货物，以丝蓝、棉花、黄豆为最多，稻及杂粮次之。②

新堤、仙桃两镇的商业结构日渐趋于同一，而资本总额又是在沔阳各市镇中遥遥领先。经济上的发展，获得了政治上的确认。1926 年新堤镇升格为市，1942 年汪伪政府短暂时期内以新堤、仙桃为中心分置沔南、沔北两县，拉开了沔阳分县的序幕。1951 年正式分置为沔阳县和洪湖县，从而形成了今日仙桃市和洪湖市的基本格局。

4. 江汉平原湖洼地带商业市镇的特征

旧沔阳县经历从明清到近代的发展，市镇数量由少到多、大型市镇的格局由"三大镇"转变为南北两个巨镇的对峙，最终演变为两个独立的县份，显示出市镇在区域经济发展中的重要作用。这一部分结合天门、监利等县的情形，试图归纳近 600 年来江汉平原湖洼地带商业市镇发展的若干特征。

其一，明清以来沔阳县市镇发展呈现出明显的行政中心与经济中心分离的现象，这种情况在湖洼地带的其他县份也同样存在。天门

---

① 冯锦卿：《旧沙洋的米粮市场》，载《沙洋文史资料》第 1 辑，第 192 页。
② 湖北省政府民政厅：《湖北县政概况》第 3 册《沔阳县》，第 812 页。

县，明清时代最繁华的市镇是皂角镇，"扼杨须、柳家之冲，有水一道自东南流入襄河，逶迤达于大江，通商贾舟，南稍下，东西北三面旷然而平。南仰县治，北连应城，东跨汉川，西控京山，如德安、孝感、云梦中高不与河通者，亦肩载马服胥此，以贸迁有无"①。到了近代则是岳口镇一枝独秀，据调查者耳闻目见，"商业情形较之仙桃镇觉有生气……口碑皆说早年不如仙桃镇，目下有过之无不及。但以实地观察，比较确信斯言"②。至于天门县城则主要以行政、文化功能为主。监利县"以朱河为最繁荣，县城与新沟镇次之，毛家口、上车湾与下车湾等更次之"③。县城的经济地位同样没有位居全县首位。由于湖洼地带水道四通八达，县域之内，政治中心的选择往往以居中为首要条件，而濒临汉水、长江的一些重要的市镇承担相当部分的县域乃至更大范围的商品流通功能，故而使得湖洼地带的商业重镇往往在经济地位上在高于县城。

其二，市镇分布具有强烈的流域性。旧沔阳县的重要市镇主要分布于汉水、长江、通顺河和东荆河流域沿岸。一方面，巨型市镇趋向于邻近大型河流，岳口、仙桃分别位于汉水北岸和南岸；新堤和朱河则位于长江北岸。另一方面，由于江汉平原湖洼地带洪涝灾害严重，对市镇产生严重的影响，市镇发展具有一定的不稳定性。

其三，主要流通商品种类对于市镇市面繁荣与否起到关键性作用。近代两湖地区最重要的输出商品当属棉花、桐油等地方土产，形成了以农产品为主导的近代商业输出的架构。新堤镇和仙桃镇在近代以后，均凭借重要的棉花集散地而保持巨镇规模，而米粮等传统时代的重要商业退居其次，甚至一度荒废不堪。近代的沔阳三大镇如此；岳口镇、朱河镇分别成为天门、监利第一大镇的缘故亦如此。

---

① （明）姜绍：《皂角镇记》，载嘉靖《沔阳志》卷6《提封下》，第161页。

② 上海商业储蓄银行：《调查襄河内岳口笔记》，年代不详，上海市档案馆藏，档号：Q275-1-1782。

③ 中国经济统计研究所：《湖北监利县经济调查》，1935年，上海社会科学院经济研究所藏，档号：02-033。

三　结语

　　1996 年，龚胜生先生撰文研究了秦汉以降的两湖平湖城镇发展的空间过程：①大体而言，宋元以后两湖平原形成了环平原串珠状的核心城市格局，民国以后则更趋于高级均衡螺旋式上升发展，直至 20 世纪 80 年代方才形成。随后，他又提出两湖平原城市空间的两种发展模式：其一是圈层辐射模式，强调了地区开发与城市格局的关系，特别是平原与丘陵交错带的界面效应，较易形成空间集聚，形成大规模的城市；其二为准交通—市场复合中心地模式，大致 4 个县级地区单位组成 1 个地级单位、3 个地级单位组成 1 个更高级的地区单位。以上这些，有助于加深我们对于沙洋、仙桃、新堤等镇商业空间关系的理解。而诸如沙洋对于沔阳等地的粮食供应的例子，恰恰体现了地区开发先后造成的汉水流域各镇的经济联系。

　　本章的研究立足于汉水流域，以江汉平原腹心地带为主要考察对象，而研究时段局限于明清以降，即这一腹心地带开发基本完成阶段。因此，在龚先生所提供的宏大背景之下，可以进一步思考探讨特定时空背景下的商业市镇发展状况。

　　第一，市镇分布的均衡化过程，是不断向传统城市挑战的过程。近代不少县份的巨型市镇都扮演着本县域内的经济中心的角色。沙洋之于荆门、仙桃和新堤之于沔阳都具有强劲的冲击力。

　　第二，近代商品流通结构的变化也会对市镇的兴衰起伏产生极为重要的影响。以棉花为输出导向的汉水流域商业使得沔阳"三大镇"的内涵发生了转变；而位于两湖平原中心地带的新堤镇，在完成了自身商品结构调整后重新成为一大巨镇，都说明了商品之于市镇的重要性。

　　以物流为标准反观日趋均衡的两湖市镇格局，可以发现，市镇之间的功能差异，也使得市镇的级别各不相同。有的市镇承担了一县乃

---

　　①　龚胜生：《两湖平原城镇发展的空间过程》，《地理学报》1996 年第 6 期。龚胜生：《天人集——历史地理学论集》，中国社会科学出版社 2009 年版。

至若干县份的商品进出口的功能，而有的市镇仅仅是县域内局部地区的商品集散地。一些巨镇在近代以来逐渐成长为区域的政治中心，或者与传统政治中心合并。最为明显的是，龚先生在城市空间结构图上仅仅标注了荆门，却没有反映出沙洋实际上承担了这一地域的经济功能的事实，故而也不能反映出这一地域的经济中心变动。

第二编　福州南台商业碑刻研究

引　言

一　商业碑刻：留存类型与解读方式

一般而言，商业碑刻的留存形态主要分为实物遗留、前人临摹保存和汇编（如金石录、金石志、碑刻集、文物普查资料等）以及传世文献（如地方志、文集、征信录、会馆志等）收录三种。从内容上又可以大体区分为三类：第一，建造碑。主要以"碑记"形式记录会馆、神庙等的建造规模、重建或扩建过程，其中往往记录了商业城镇社会的繁荣情况、商人群体相关活动、事迹等线索。第二，常与建造碑配套的是题名捐输碑。此类碑刻通常将参与建造活动的各色人等一一记录。有的碑刻记录甚详，包括历年开支、捐输人员的行业、地域和身份等，对商业经营形态和商业网络的讨论，具有重要的史料价值。第三，禁示碑。此类型碑刻通常是诉讼纠纷的一种文本留存形态，将相关事件经过、判决结论、规则定例刻碑留存，供众人周知，尤其对于商事纠纷研究具有独特的价值。

较早对商业碑刻进行大规模系统整理的当属北京、苏州和佛山。[①]这些城镇在明清时代都是重要的工商业中心，也是资本主义萌芽讨论的重点区域，从而挖掘出相当数量的工商业会馆公所碑刻，产生了一批具有重要影响的研究成果，尤其是对商业史的理论提升有突出贡献。例如，罗一星参与主编了明清佛山碑刻集，又撰有关于佛山社会

---

① 李华编：《明清以来北京工商业会馆碑刻选编》，文物出版社1980年版。苏州博物馆等编：《明清苏州工商业碑刻集》，江苏人民出版社1981年版。广东省社会科学院等编：《明清佛山碑刻文献经济资料》，广东人民出版社1987年版。

经济史的专著。在书中，他引用商业碑刻主要论证了外地商人在佛山的活动，以及由此带来的佛山经济中心地位的抬升，有力地支撑了"岭南中心市场二元说"的提出。① 洪焕椿、吕作燮、邱澎生等大量使用苏州会馆、公所的碑刻，较为全面归纳了会馆、公所的权力运作及其对市场结构、社会意义的影响。其组织"形式化"经历了从结社到建造公共建筑物、制定组织规章（主要关于征收公积金和选举管理人员）两大阶段。②

　　然而，早期碑刻资料在整理出版时，往往对题名碑不甚重视，省略碑文中的捐输姓名。究其原因，主要在于研究者没有产生较好的解读思路，未能充分挖掘这些信息的价值。近年来，以许檀和范金民为代表的学者对碑刻资料的研究渐趋深入，开创题名捐输碑的基本解读方法，改进以往对诉讼碑过于简单、就事论事的利用方式，极大地提升了明清商业史的研究水准，并丰富了商业碑刻研究方法的内涵。

　　许檀致力于明清北方商业城镇的研究。她指出，碑刻资料和税关档案有助于中等商业城镇的具体研究。③ 其中，碑刻资料主要留存于商人会馆之内，尤其是北方势力最为庞大的山陕商人的会馆碑刻。④ 不仅如此，诸如重要关隘、城隍庙、天后宫以及其他寺庙等公共场所留存的碑刻也具有重要的商业史价值。⑤ 通过这些碑刻，她开创了两个重要解读方法。第一，详尽的会馆捐输记录，可以为我们评估行政

---

① 罗一星：《明清佛山经济发展与社会变迁》，广东人民出版社 1994 年版。

② 洪焕椿：《论明清苏州地区会馆的性质及其作用》，《中国史研究》1980 年第 2 期。吕作燮：《明清时期苏州的会馆与公所》，《中国社会经济史研究》1984 年第 2 期。邱澎生：《十八、十九世纪苏州城的新兴工商业团体》，台湾大学出版委员会 1990 年版。

③ 许檀：《明清商业城市研究感言——理论、资料与个案》，《清华大学学报》2007 年第 5 期。

④ 主要体现在河南、山东商业城镇的山陕会馆碑刻之搜集。如许檀《清代山东周村镇的商业》，《史学月刊》2007 年第 8 期；《清代河南西部的商业重镇荆子关》，《天津师范大学学报》2009 年第 5 期；等等。许檀编：《清代河南、山东等省商人会馆碑刻资料选辑》，天津古籍出版社 2013 年版。

⑤ 许檀：《清代的雁门关与塞北商城》，《华中师范大学学报》2007 年第 3 期。许檀：《清代多伦诺尔的商业》，《天津师范大学学报》2007 年第 6 期。许檀：《清代乾隆至道光年间的锦州商业》，《史学月刊》2011 年第 5 期。

级别较低的商业市镇的商业构成、规模和实际地位提供有用信息。①
第二，会馆集资方式主要有认捐和抽厘两种，可以从数额上明显区别
开来。认捐一般是整数，抽厘则往往带有尾数，② 个别会馆的抽厘率
甚至还有变化。③ 通过抽厘率的掌握，可以评估商业城镇各行业的年
营业额。可见，捐输题名碑有详略之分，详细的题名碑可以结合相关
资料激活其中的行业、地域信息，乃至数字记录，从而为商业史和商
业地理的研究提供重要线索。

　　范金民对江南刘家港豆船字号碑刻的考察别具一格。④ 碑文记录
了山东、江南等地豆船字号与刘家港牙行、地棍间的纠纷过程。他结
合太仓豆船字号最兴盛时期的碑文和镇志等地方文献考察该镇的豆货
贸易及各地商人创设豆船字号情形。其中，他对参与诉讼的豆船字号
的含义、数量以及名称进行细致的考察，突出题名的作用。同时，诉
讼细节与大量地方文献有机配合，将一通商事纠纷碑的解读转变为整
个商业市镇发展过程的揭示，颇显功力。他对商业碑刻的史料价值也
有详细的论述："碑文特别是商人会馆碑文，反映商人群体即商帮的
活动内容最为全面翔实，一般均会载明会馆建置修葺年代（文献一般
只载会馆落成年代）、倡议者和参与者、资金来源及其数额、实际费
用、馆舍规模及其房产、会馆宗旨功能，以及在当地的经商人数、经
营行业及其规模等，为商人研究提供了大量具体资料，较为清楚地反
映出某地某帮商人的壮大发展情形，值得我们珍视。"⑤

　　另外，唐凌等人通过实地搜集、研究广西地区的商业会馆碑刻，
认为会馆主要体现了民间力量的活动，注重从整体上把握会馆与庙
宇、码头、道路、桥梁等要素间的关系，将其视为一个有明确空间格
局，并相互关联的商业系统。该系统结构的完善程度，体现了该地商

---

① 许檀：《清代河南朱仙镇的商业》，《史学月刊》2005 年第 6 期。
② 许檀：《清代河南的商业重镇周口》，《中国史研究》2003 年第 1 期。
③ 许檀：《清代河南赊旗镇的商业》，《历史研究》2004 年第 2 期。
④ 范金民：《清代刘家港的豆船字号——〈太仓州取缔海埠以安海商碑〉所见》，《史林》2007 年第 3 期。
⑤ 范金民：《碑刻——充分蒐集资料，深入研究福建海商》，《闽台文化研究》2016 年第 1 期。

业功能的强弱水平。[①] 这一研究思路实际上也提醒我们，商业碑刻并不仅存在于会馆之中，也时常见于神庙、津梁、码头等与商业活动、商人精神寄托密切相关的场所，要从整体系统上进行把握。碑刻坐落与碑文内容蕴含了商业相关人群的话语表达，需要予以细致的考辨。

可见，新的研究视角可以将早已出版公布或者以往习见的资料信息充分挖掘，提升相关学科的研究水平。本研究便是在这些学者的理论方法基础之上努力应用，并尝试在不同区域的个案环境中进行修正和调适。

二　福州南台商埠的形成

南台商埠的形成，是福州平原和闽江航道逐渐塑造的结果，也与福州城市对外交通水道和商业区的变迁密切相关。主要分为三个阶段。

第一，城内商埠阶段。本阶段从福州筑造子城开始，延续到宋代。福州城的围郭不断增建、扩大，但也保持着与江海相连的畅通港道。因而城市政治功能和商业交通功能集中于城墙之内，尤其是东南部。南台逐渐成陆，但聚落尚未成熟。

上古时期，海平面处于较高位置，今福州盆地与大海相连，成为一个大型海湾，在地质学上称为"福州古湾"[②]。《山海经》所谓的"闽在海中"便是对此地貌的抽象描述。随着海侵的退却，西汉时福州盆地北部开始出现了大片沼泽地。西晋筑造晋安郡城（即后世所谓的子城），在南门（虎节门）外开护城河，名为"大桥河"，连通海洋。淳熙《三山志》引《旧记》曰："（虎节门）前大桥河，晋严高开，舟楫往来，因名大航。相承，去航字，直曰大桥。后五百年，当唐元和中，观察使薛謇再开，以油杉作堤限。熙宁三年程大卿师孟改

---

① 唐凌、侯宣杰等：《广西商业会馆研究》，广西师范大学出版社 2012 年版。

② 关于"福州古湾"的演变，参看林汀水《历史时期"福州古湾"的变迁》，《历史地理》第 23 辑，上海人民出版社 2008 年版。又见于林汀水《福建历史经济地理论考》，天津古籍出版社 2015 年版。

为'乐土'。"① 这里逐渐成为福州城市对外交通的港口和商埠。直至南宋初年，子城南门内正街遗留的商业色彩才完全褪去。据说，"旧街东民居于沟外设店铺，中为廊，以便行者往来。乾道四年灾，吴宪龟年摄郡，以街南北与谯门相望，不宜褊狭，令拆入近里架造，廊路遂塞"②。

唐末五代，闽国王氏政权增建罗城和夹城。在引用《旧记》"从清水堰开河通澳桥浦，拔潮贯城，横度兼济门"之后，《三山志》作出解释称："盖伪闽筑罗城时所凿也。咸平中，陈象舆重浚之，并门改名，俗号'新河'，通大船往来。"③ 新河即今安泰河。此时，福州城市的商业空间从虎节河南移至安泰河。同时，城外南台一带开始出现沙洲和港汊，粗具港口特征。王审知在大庙山（钓台）设置迎宾馆，后世还有一些地名遗存，据晚清《闽县乡土志》载："下杭街号河泊铺、锦江铺，皆闽江之岸也。上杭街号留饭铺，渡江者投宿于此。"④

北宋初年建造福州外城，基本奠定了此后福州城郭的范围。这一时期，福州城周边的感潮特征仍旧明显。曾巩的《道山亭记》曰："长江在其南，大海在其中，其城之内外皆涂，旁有沟，沟通潮汐，舟载者昼夜属门庭。"⑤ 依然有海船可以直通城内，主要通道是外城东南部的美化门，还设置了临河务。"古南镵港，凡百货舟载此入焉。故务于是置。"⑥ 整个航道延续了五代开创的格局，在城墙东南形成了港口和商埠。

宋代福州盆地中间的沙洲开始与北部的城郭区域连为一体。南台沙洲继续扩展，形成楞严洲，即今中亭街一带，城墙南部与南台的中

---

① 淳熙《三山志》卷4《地理类四·内外城壕》，《宋元方志丛刊》，中华书局1989年影印版，第8册，第7825页。

② 淳熙《三山志》卷4《地理类四·子城坊巷》，第7820页。

③ 淳熙《三山志》卷4《地理类四·内外城壕》，第7825页。

④ （清）郑祖庚：《闽县乡土志·地形略·南台区》，《中国方志丛书》华南地方第226号，成文出版社1974年影印版，第499页。

⑤ （明）何乔远：《闽书》卷2《方域志·侯官县》，福建人民出版社1994年点校版，第53页。

⑥ 淳熙《三山志》卷7《公廨类一·临河务》，第7854页。

间地带也已经成陆了。元祐年间开始，逐步兴造跨越闽江（南台江）的浮桥以及一系列附属设施。

> 由郡直上南台，有江广三里，扬澜浩渺，涉者病之。元祐以来江沙颇合，港疏为二，中成楞严洲。八年癸酉七月，郡人王秘监祖道为守，相其南北，造舟为梁。北港五百尺，用舟二十，号合沙北桥；南港二千五百尺，用舟百，号南桥。衡舟纵梁板其上，翼以扶栏，广丈有二尺，中穹为二门，以便行舟。左右维以大藤缆，以挽直桥路。于南、北、中岸植石柱十有八而系之，以备痴风涨水之患……明年绍圣元年甲戌十月成……寻又为屋以覆缆柱，架亭于其侧，以憩行者。中亭之北，又有泗洲堂一所，命僧守之，施熟水亭下，而守桥军房亦在焉。南亭之南，复即山为亭，以济川名之。创庵其西。有齐礼、九功、驯犀、嘉祥四里……轮大院三十主之，以管干桥事，再岁一替。有水手二十一人隶焉，朝夕巡视，白所当修造者，以报逐寺。崇宁二年，公复守是邦，乃于桥南建天宁寺，以庵之田产并归之，命天宁主僧为三十院都管。是时，港已分为三矣。北港，舟十有六；中港，七十有三；南港，十有三。凡一百二只……先是，水手各认管船五只，月米一石，钱二千四百，从逐院向桥司输送，然后给之。后浸为弊，乃悉罢去；轮诸院行者代其役。给官舟与来往护视，遇夜则守桥。①

北宋时期，南台的陆地规模已经较为可观，往来人员众多，但定居于此的人户稀少。因而，地方官府兴造浮桥之后，先是招募水手维护，但难以长期维持。后改由寺院长期经营，形成了轮流管理、募集资金的多种规则。位于仓前山的天宁寺，不但领导周围三十个寺院，还承担起浮桥的运行和维护工作。南宋、元时期也得以稳定维持"岸南北为寺"的格局，并在元代定名为万寿桥。② 可见，

---

① 淳熙《三山志》卷5《地理类五·驿铺·南路》，第7830—7831页。
② （元）马祖常：《万寿桥记》，载《闽书》卷2《方域志·侯官县》，第42—43页。

佛寺和桥梁的相互依存开启了南台作为水陆枢纽的历史进程。（见图
2—1）

图2—1　近代老照片中的福州南台万寿桥影像

第二，城外商业街区的并立阶段。明代至清初时期，南台持续成
陆，闽江北港主航道定型，而通往福州城的河汊和港道开始缩小、淤
塞，海船直接入城变得十分困难。城市的商业功能需要向城外转移，
形成了城西洪塘和城南南台并立的格局。

从南台有天然水道直通福州城东南的格局在明代发生了变化。正
德时，前朝留存的大桥河、新桥河、西河、南河等诸河道，“初皆深
阔环绕，舟楫甚便。时则三卫各有兵马司，有专职，有逻卒，各司地
方，责有攸归，是以河道无填塞之患，街衢且无淘沙爬挖之弊。兵马
司既废，河道则随开随塞，而街衢爬挖，肆莫之禁矣”①。由此可知，
明初福州城内的各卫设有兵马司维护水道畅通，但到了明中叶，城内
通潮水道已经开始淤塞，官方维持机构也逐渐废弛。至于城外，在水
部门东设置有水关，“引南台江潮自河口，缭绕凡三十六曲，由水关

---

①　正德《福州府志》卷3《地理志·水道》，海风出版社2001年点校版，第63页。

入城"①，保持了五代两宋的航道格局，又称为"直渎"。这一自然曲流还被风水塑造为"环合以萃风气"的景象，而且"又北通东湖，受东北诸山之水，其流甚迅"。可是，"弘治间，督舶内臣始凿新港，径趋大江，便夷船往来，土人因而为市"。此人工水道建成之后，"东际三十六湾遂废"。为此，地方官员一度以风水被破坏为由，多次强烈反对。"嘉靖初，谢给事赟疏复不果。万历初，屡事疏筑，以故复道，豪门规利与奸民拥害，迄无成功。十八年，巡抚都御史赵参鲁采舆言，毅然塞之，今复冲断。"② 这里的"夷船"当为琉球船。河道经过裁弯取直之后，应更为通畅。因此，尽管地方官员试图恢复曲折故道，却遭到地方势力的破坏，无一成功。

琉球朝贡贸易主导了直渎航道的商业发展，也大体维持了城东南与江海沟通的格局，并延续至近代（见图2—2）。明代的通航条件已经发生根本变化。较之宋代临河务设在城门之内，直接向进城贸易的船只征税，明清柔远驿（琉球馆）设在水部门外的太保境，贸易均在城外进行。除了朝贡礼仪制度因素外，城内的水道已不能容纳海船的直接驶入也是重要原因。福州城市的对外交通，不得不依赖于闽江沿岸的中转。围郭城市的对外贸易功能也只能向外推移，造成商业溢出城墙的局面。

由于浮桥的兴造，南台与福州城形成了南北走向的陆路交通，加上东西走向的闽江北港主航道，交通便利，明代已经形成了带状聚落。"由福之南门出至南台江，十里而遥，民居不断。桥跨江中，怒石踞立，盐舟鳞次，亦一胜处。"③ 这一场景还显示出盐业对于南台商埠的形成具有推动作用。据《闽都记》载，宋代管理浮桥的天宁寺"今废为盐仓"，于洪武年间创建。嘉靖年间，商人又一度在此

---

① 万历《福州府志》卷8《建置志一·城池》，海风出版社2001年点校版，第108页。

② （明）王应山：《闽都记》卷13《郡东南闽县胜迹》，海风出版社2001年点校版，第110页。

③ （明）王世懋：《闽部疏》，《中国方志丛书》华南地方第243号，成文出版社1974年影印版，第9页。

图 2—2　福州府城与南台间的交通

图片来源：丁文江等编：《中国分省新图》，上海申报馆 1939 年版，第 26 页。

地"创私仓百余所"①。由此似乎可以窥见南台社会主导力量的更替。商人群体已经崭露头角，南台的商埠特征愈加明显。尽管如此，明代是南台商埠的形成初期，规模有限，块状聚落尚不明显。而且在福州城外街区中，南台并非一枝独秀，闽江沿岸引人注目的商埠还有洪塘。

　　南台和洪塘同位于闽江北港，皆有陆路分别连接福州城的南门和西门，又都有大桥跨越闽江，具有相似的交通和地缘格局。由于福州城西的洪塘一带有较大的丘陵山地，是福州古湾成陆较早的地带，宋代于此设置了怀安县，后又成为福州城内三个附郭县之一。该县在明

————————

① （明）王应山：《闽都记》卷 14《郡南闽县胜迹》，第 120 页。

代才裁撤。得以设县，就已经显示出该地聚落规模的庞大，较之南台发展较早。撤县之后，"洪塘街沿江居民衮数里"①，商业气息依然颇为浓厚。由于有洪山桥与福州城相通，水陆交通便捷，诚所谓"洪山桥上卧虹霓，桥下千帆落影齐。争道洪塘来去便，使君桥似白苏堤"②。在文人意象之中，熙熙攘攘的洪山桥与著名的西湖苏堤相类似。由于陆路通往省城、水路连接闽江上游和台江，洪塘的商品流通范围也较为广泛。向东进入福州城西门，向城内供应蛏、蛤、蚬等水产品，据说风味不亚于海鲜："春蚬淘沙清复清，绿荷里饭进西城。长蛏赤蛤轮风味，海味由来浪得名。"当地的水产生意还有晚市："尽说年时喧晚市，卖鲜灯火照江红。"③洪塘还是福州本土荔枝、福橘等向外贩运的一个重要据点，"白皮荔贡却闽中，满载独装福桔红"④。外来的商品，如漳州的橘饼，也有部分直销于此："漳南饴蜜十分调，红玉千槌向齿消。"⑤因此，洪塘的贸易结构和交通形势与南台接近，明至清初都是与南台并列的城外重要商埠。

第三，南台商埠一家独大阶段。南台不仅是福州城外最重要的商业街区，也成为闽江流域商业中心。

清代以来，南台街区的扩展十分明显，除了中亭、河口、上下航之外，帮洲义洲、苍霞洲、后洲、药洲等相继兴起，聚落连成一片。在清代民国文献中，往往城、台并举，说明南台商埠的空间规模、密度与福州城郭相当。南台承担起福州城市的商业功能，与会城的政治功能分异、并立。如清人所言："南台距省十五里，华夷杂沓，商贾辐辏，最为闽省繁富之地。"⑥

由于距海更近，又与福州城有水、陆两条通道相连，随着晚清外向型经济的发展，南台商务日渐兴盛，洪塘的商业地位相应地不断降

---

① 万历《福州府志》卷 12《建置志五·街市》，第 147 页。

② （清）孟超然：《福州竹枝词》，载林家钟编选《明清福州竹枝词》，福州市鼓楼区地方志编委会内部出版，1995 年，第 22 页。

③ （清）谢道承：《洪塘竹枝词》，载林家钟编选《明清福州竹枝词》，第 16 页。

④ （清）林扬祖：《洪江竹枝词》，载林家钟编选《明清福州竹枝词》，第 46 页。

⑤ （清）陈寿祺：《洪塘竹枝词》，载林家钟编选《明清福州竹枝词》，第 35 页。

⑥ （清）张集馨：《道咸宦海见闻录》，中华书局 1981 年点校版，第 298 页。

低。道光年间的《洪塘小志·疆域》就记载了这样的变迁："昔时，洪塘有安仁溪、大箬、闽清、大穆、源口、白沙各处船只转运上郡外省诸货，停泊洪江，商贾辐辏，贸易繁盛，俨然一商港也。今各处船只，直往台江，而洪塘景物为之一变。"① 洪塘长距离贸易的商务功能为台江所取代，商业影响力降低。因此，在晚清时，人的眼中，洪塘的商业繁华程度是远不及台江的，在年节活动之时便表现得尤为明显，"漫唱月光竹枝曲，台江艳冶过洪塘"②。

南台不仅与会城并立，分担福州城市商业机能，又在闽江沿岸诸商埠中脱颖而出，成为整个闽江流域商业中心。从物流上看，以茶叶为代表的乡土商品外销，将闽江流域的内陆山区与东南沿海、海外联结在一起。从客流来看，大量来自广东、浙江、江西以及福建各地商人群体进入，兴造一批商业会馆。南台商埠社会完全形成，风气渐趋奢华。

广东茶商群体的进入和营建会馆，可作为一个典型代表。南台茶叶贸易的兴盛，很大程度上归结于国际市场的需求。鸦片战争之后，福州一度成为全国三大茶市之一。在南台茶市的兴起过程中，广东商人起到十分重要的作用。咸丰时翁时农就提道："前年粤客来闽疆，不稀殚财营茶商。驵侩恃强最奸黠，火轮横海通西洋。"③ 茶商的形象是阔绰豪侈，身家巨万。"万盏波灯宴清夜，豪华知是卖茶商"说的便是端午之夜，茶商泛舟闽江，尽显其不同凡响的一面。④ 面对外国机制茶叶的冲击，也有人将茶叶改良寄托于广东茶商身上。"官民遂皆以机器制茶为便。官则知茶利已失，急为补救，犹可挽回。民则知种茶与炒茶为两事，一为土著之业，一为商人（打扮体面粤商）之事，相为依倚，各得其所。"⑤

广东茶商主要居住在台江南岸。当时，"番船浦一带多广东式之

---

①　道光《洪塘小志·疆域》，《中国地方志集成·乡镇志专辑》，江苏古籍出版社1992年影印版，第26册，第48页。

②　（清）叶在琦：《冶城端午竹枝词》，载林家钟编选《明清福州竹枝词》，第80页。

③　李乡浏主编：《福州诗咏》，鹭江出版社1998年版，第101页。

④　（清）叶在琦：《冶城端午竹枝词》，载林家钟编选《明清福州竹枝词》，第80页。

⑤　《商政·福州商务》，《经世报》1897年第3期。

屋宇"①，形成了较大规模的粤人社区。商人积极参与城、台的会馆建设。南台的是广东会馆，主体是商人（见图2—3）；城内的是两广会馆，主要是官僚，被认为是"仕籍会馆"②。但也有商人参与到该会馆建设。自同治八年至光绪十一年，共收到文武官员捐款12084两8钱2分7厘，南台行商5959两2钱3分4厘，③规制已十分宏伟。但据报道称，"福州城内石井巷有两粤会馆，栋宇巍焕，局面堂皇，已为各省会馆之冠，而犹不及南台之粤东会馆。其规模宏丽，铺设精洁，种植繁滋，洵足怡人性情，豁人眼界。缘建造时，皆用粤匠粤料，其头门、戏台前所植木棉二橡，大可十围，枝干耸拔，尤足以壮观瞻。至于园中花卉，亦雇粤匠栽培，故南台每逢花会出赛奇葩，此园往往不落人后也"。④南台商业会馆更为豪华，远远超过城内的官僚会馆。

图2—3　福州南台广东会馆

图片来源：2012年7月30日笔者摄。

---

①　蔡人奇：《藤山志》卷9《礼俗志·衣食住行》，《中国地方志集成·乡镇志专辑》，江苏古籍出版社1992年影印版，第26册，第33页。

②　光绪《两广会馆纪略》卷上《（光绪九年）两广会馆承受徐熊光送出行铺帖一纸》，王日根等编《中国会馆志资料集成》第1辑，厦门大学出版社2013年影印版，第7册，第111页。

③　光绪《两广会馆纪略》卷下《两广会馆收数总账》，第116页。

④　《议建会馆》，《申报》1881年6月18日。

三　南台商业碑刻的遗存

福州南台现存的商业碑刻，几乎都是清代民国时期的。能够反映商人商业信息的碑刻，主要留存在商业会馆之中，而庙宇、桥梁等场所也会有较多线索。结合南台商埠的发展历程，绝大多数商业会馆都是在清中叶以后才陆续建造的。庙宇、桥梁等建筑及相关碑刻可能存在的时间更长，能够反映出若干会馆碑刻所未逮的信息。

随着近三十年的旧城改造，许多碑刻伴随着会馆、庙宇的拆除也已消失，或者改换位置。例如，早在1947年，傅衣凌等人即已对福州柔远馆、仓前山望北台墓地等明清琉球商人遗留建筑实地调查，进行口头采访和碑文临摹。其中，在十家琉球商人建立的琼水会馆搜集到道光朝的碑刻两通，主要是关于会馆天后宫前后河道保护和会馆所属店屋、田地等产业契据勒石确保产权两方面内容。① 但这些碑刻现已消失殆尽。如无当时的调查记录，根本无从了解。笔者试将较为重要的商业碑刻的保存情况、史料价值简要如下介绍。

1. 商业会馆碑刻

留存在会馆原地的碑刻少之又少。本章专题研究论述的古田会馆、浙船会馆碑刻属于此种情况。另外还有永德会馆的碑刻也是如此。还有一些碑文收录在传世文献中。如绥安会馆的两通碑刻，就全文记录于民国《建宁县志》。在原碑已经消失的情况下，这些文本是值得挖掘的。

古田会馆留存的三通碑，详细记录了会馆建设过程和经费情况。根据历年经费支出细目，我们可以归纳出会馆建造所经历的三个

---

① 傅衣凌：《福州琉球通商史迹调查记》，载《傅衣凌治史五十年文编》，中华书局2007年版，第234—240页。王振忠《清代琉球人眼中福州城市的社会生活——以现存的琉球官话课本为中心》（《中华文史论丛》2009年第4期）一文对琉球会馆与福州地方社会交往、贸易提供了新的史料线索。

阶段；又由于会馆的募资主要采取抽厘的方式，则可以从年度捐输金额大致推测出古田商帮各行业在清末民初的经营态势，从中可以窥见古田商帮与福州城市商业发展的互动关系。但是，捐输额度的多寡，也会受到会馆建设进程的影响，不可简单地将其作为商业经营态势的反映。

福州浙船会馆遗存的三通清代中叶商事纠纷碑刻，为我们深入了解闽浙间木材贸易人群与闽海关税则等相关问题提供了重要线索。两浙木商在福州的经营活动，有助于物资流通和增加财政收入，得到地方官员的支持，由此产生各种相关规则，体现了传统福州木材贸易逐渐制度化的过程。

永德会馆的碑刻含有华侨华人与海外交通的信息。"永德"是永春和德化两县的并称。清雍正十二年（1739），为了强化福建中部戴云山地带的控制，永春、德化和大田三县从泉州府划出，设置永春直隶州。从地理形势上看，永春和德化位于戴云山的东侧，大田位于西侧，故而永、德地域相连，旅外人群往往联合行动。比如，马来西亚柔佛州的武吉巴西镇就设有永德公冢。① 福州的永德会馆也是两县商人共同创建。

永德会馆位于福州南台的垓埕里，由两县瓷器、木材等行业的商人营造，1931 年改建，具有中西合璧的建筑风格（见图 2—4）。现为工厂仓库，亟待保护。② 据笔者实地考察，会馆外墙仍有"永春公所墙界"字样的碑刻（见图 2—5）。王日根认为，"会馆往往较多地讲究仪貌，公所则更多地注重实效，因此，有的公所会逐渐扩大规模演成会馆，也有的会馆内又分化出公所"③。在强化两县商人同乡意识的同时，永春商人似乎占有更大的优势。

---

① 郑明烈：《拓荒·扎根：武吉巴西永德公冢与地方拓殖史》，马来西亚华社研究中心 2013 年版。

② 林璧符、林宗魋：《建议把永德会馆列为文保单位》，《德化文史资料》第 28 辑，内部出版，2008 年，第 142—150 页。

③ 王日根：《明清时期"行"的衰微与会馆的勃兴》，载周积明等编《中国社会史论》，湖北教育出版社 2005 年版，第 355 页。

图2—4　福州永德会馆正面　　　　　图2—5　永春公所墙界碑

图片来源：2013年2月4日笔者摄。

一般情况下，留存于会馆内的碑刻多为记录会馆营造、重修过程及捐输金额、姓名等，或是会馆运作的规条，或为保护会馆、商帮利益相关的官府禁示等内容。永德会馆正厅后墙有一通题为《桃源翁李立斋先生传赞》的碑刻，记录了馆内供奉永春籍华侨李士祚的容像并为之刻碑立传的缘由，是国内会馆碑刻类型中较为罕见的，将全文抄录如下：

> 翁讳士祚，字继如，一作超然，又作立斋。永春之蓬壶乡人，邑志有传。永春古名桃源，以翁行义，故尊称之曰"桃源翁"云。翁壮岁南渡马来半岛之芙蓉。是时，芙蓉尚未开坡，翁辟草莱而居之，艰难缔造垂三十年。芙蓉地方日益发达，翁之事业亦日益进展，卒推侨界巨擘焉。自翁到后，永人之继至者踵接，翁实为之导，至今父老犹乐道弗衰。翁既富，即倡捐公益，建会馆以资保卫、创学校以宏教育、组织阅书报社以开通风气。凡侨所之事，力有能逮无不为。岁时返国，则解囊葺环翠亭书院、治大羽道、修通仙桥。凡故里之事，义所当为无不勇。他如恤孤寡、济困乏之不可胜纪，其仁而喜施，盖天性也。迄今邑人言赈施者，必首稽翁，翁之行义大矣哉。我永德会馆之奉翁像也，以翁生平之行义足以宣表我邑，而其哲嗣俊承先生之有功于本馆，尤非寻常可比。同人等爱本崇德报功之旨，既奉翁像，并撷拾其事略，立传勒石，以垂不朽云。

赞曰：古所称先正典型者，岂必尽致位通显哉，道义光于生前、德泽流于后世，虽布衣胜王公远矣。翁只身贾海外，卒能提挈侨胞，以成今日两邑之财力。其子孙之贤者，亦遂得资凭籍骎骎乎驾百代而上焉，如俊承先生之起家星洲足以光矣，谓为翁德泽之留贻，谁曰不宜。

　　中华民国二十年　　月　　日永德会馆同人敬立。

　　邑人郑玉辉拜撰，闽侯人林之夏敬书。

　　这通碑刻是在 1931 年会馆重修时制作的。根据碑文提示，笔者查阅了 1927 年修成的《永春县志》对于李士祚的记载：

　　寓南洋四十余年，凡设立会馆、学校，多所赞助。妻黄氏性慈善，奉佛好施。祚没后，新嘉坡创立华侨医院，氏首捐万金焉。尝行经东关，时通仙桥毁于风灾，氏见之，立捐数千金，命工修复。其行谊多类此。卒，普陀释印光铭其墓称，临终时，初无所苦，起坐遍视家人，含笑而逝，实录也。[①]

　　比较相隔仅四年的文本记录，可以明显发现：方志的传主虽为李士祚，却只有寥寥几笔，而将叙述重心放在了配偶黄氏；碑刻用大段文字记录了李士祚的生平，而对黄氏只字未提，并将会馆奉像的功劳归结于他的儿子李承俊。另外，诸如维修通仙桥的善举究竟是李士祚还是黄氏等细节，两份文本也多有出入。但关于李氏家族的基本脉络是可以互相对照的。李士祚在南洋主要的经营地是芙蓉坡（Seremban），是今马来西亚森美兰州（Sembilan）的首府，原名"双溪乌绒"（Sungai Ujong），闽粤方言谐音为"芙蓉"。芙蓉"开坡"实为"开埠"，始于 1874 年英国全面进入马来半岛，从土酋手中夺取森美兰，进行殖民管辖，开拓荒地，建立行政中心。[②] 在此之前，芙蓉地

---

①　民国《永春县志》卷 23《独行传》，《中国方志丛书》华南地方第 231 号，成文出版社 1975 年影印版，第 809 页。

②　颜清湟：《森美兰史》，新加坡星洲世界图书有限公司 1962 年版，第 189—192 页。

区最重要的产业是锡矿，形成了亚沙等聚落，有"先有亚沙，后有芙蓉"之说。亚沙现为芙蓉市区的一部分，留存有较多的华人会馆、义山等遗迹。[①] 李士祚在芙蓉开埠之前已经筚路蓝缕三十年，但在1840年之后赴南洋谋生。他"辟草莱而居之"的描述，与矿场生活形态颇为吻合。因此，商业会馆碑文具有相当的真实性，可以呼应会馆史、商业史已有的相关议题。

2. 神庙及其他公共建筑相关碑刻

南台的早期发展，与寺庙对于桥梁设施维护有重要关系。因此，除了会馆碑刻之外，这些场所留存的碑刻信息也值得关注。有的庙宇是商帮群体极为活跃的公共空间，如尚书庙、天后宫。有的庙宇和会馆合二为一，如新港庵竹商会馆便是如此。其碑文曰：

> 从古废兴之感，虽曰天道，岂非人事哉？然不有废也，将何以兴？虽然任其终废，独无以兴乎？吾福省新港庵竹商会馆，旧奉列圣，历有年所，将见宫殿颓烟，楼台偃草，诸商友不忍听其终废，捐资修建，庙貌重新，虬龙翻栱，牡蛎堆墙，皓壁皓曜以月照，丹柱歙艳而电烻，规镆犹仍，际此金碧联辉，神昭乙照，馨香永存，时献赓歌。喜逢落成，弁言以附，后有同志，嗣以茸之，勿使其废而长享其兴也，诚厚望焉。所有题捐姓名开列于左……大清光绪一十一年起二十一年止诸客友所捐香金钱共计壹万贰千捌百贰拾捌千柒百叁拾文正。

通过上述文字，我们能够了解该会馆由庙宇演变的过程。相似的例子，在万寿尚书庙、复初庵等碑刻中有所体现。清代活跃于福州南台的各地商帮，往往先以各色神庙为祭祀和集会场所。服务城市消费的行业多选择福州民众崇祀的"淫祠"五帝庵庙。而兼具"正祀"身份和"淫祀"仪式的水部尚书庙，其参与的工商业群体类型和数量最多，过渡性色彩明显。从事外贸、财力雄厚的商帮才具备建立会馆

---

① 陈嵩杰：《森美兰州华人史话》，槟城大将出版社2003年版，第167—171页。

的条件。这类正式会馆通常称为天后宫，神灵祭祀也被视为会馆的重要事务。因此，会馆可以视为商帮独立进行神灵祭祀的一类庙宇，我们不能简单从商业功能来评判会馆的性质及其与神庙的差别。

同时，神庙、桥梁等的捐款题名记录了参与人群的信息，也能够反映出相关人员的构成。一些维修桥梁的碑文有商帮捐助的信息，能反映出商情的状况。光绪二十七年的《重修江南桥记》就记载了浙江商人捐资助修的情况。① 跨越闽江的江南桥，连接了中洲岛和仓前山。这一地带最为活跃的就是浙江木商。在官府出资两千缗的基础上，"浙（浙）商杨钱、虞振绎等复集资三千缗佐之"。不仅出资最多，而且他们还作为"监督"，负责桥梁的重修。由此可以看出客商群体对南台商埠公共设施的经营。

① 该碑刻现存福州于山碑廊。

第一章

从神庙到会馆:商人群体的
活动基地

一　问题的提出

关于传统商人群体的组织形态,我们往往想到的是"商帮"和"会馆""公所"等。童书业在《中国手工业商业发展史》一书中就指出:"行帮和会馆、公所实是一事的两面:行帮是组织,而会馆、公所主要是机构;行帮的组织设立会馆、公所机构,来处理事务。"①而对于"龙游商帮"概念是否合理的质疑,包伟民、傅俊也认为,"商帮"成立的一个显著标志就是建立商业会馆,否则只是有"商"无"帮"②。

然而,"商帮"和"会馆"的出现并不是同步的。"商帮"实际形成于明代中期的成化、弘治年间。③ 这是基于商帮诞生地经商风习的形成,社会上的了解熟悉程度,商人在各地的活跃程度,商人组织或公益性事业的形成等因素,综合考量后得出的判断。就名称而言,明代及此前文献所载的商人群体往往称作"纲"。清代前期福建盐运业分地区承运,方才出现"商帮"的名称。有关行业和

---

① 童书业:《中国手工业商业发展史》,中华书局 2005 年版,第 266 页。
② 包伟民、傅俊:《从"龙游商帮"概念的演进谈学术失范现象》,《福建论坛》2004 年第 3 期。
③ 范金民:《明代地域商帮的兴起》,《中国经济史研究》2006 年第 3 期。

地域"帮"的说法，至迟在乾隆年间已经较为普遍。① 至于"会馆"，现有最早的史料记载是明初永乐年间北京的芜湖、浮梁、广东等会馆，主要服务于同乡的科举试子和京官团体。明代中叶不断涌现的官僚会馆中开始出现商人捐资建设的记录，体现了商人对于政治的依附。而最早的商业会馆出现于万历时期的苏州。究其原因，"与其说是商人对官僚设置会馆的一种模仿，不如说是商人们势力强大之后对官僚会馆、试子会馆对商人'不许留宿'禁令的一种示威，一种抗争，同时也在谋求一种承认"②。据此，商人成帮的情况出现在 15—16 世纪，而商业会馆在 16 世纪中叶以后才产生，两者相差近百年。那么，商帮和会馆就很难说是一体两面的现象了。抑或可以认为至迟在明代后期，商帮和会馆的结合才流行开来。由此可以进一步追问的是，既然会馆不是商帮成立的必要条件，当某一地域或行业的商人群体粗具规模时，他们在经营地的聚集场所又是哪里？

　　一方面，在会馆史的研究中，已揭示了商人参与官僚会馆捐资建设的信息，或表明官僚会馆一度接纳了同乡商人的寄居。另一方面，或许我们可以神灵祭祀这一会馆重要功能为线索进行追溯。即在尚未建立会馆前，商人群体的祭祀场所又是哪儿？有论者提出，行业神庙宇与工商行业的关系尤为密切，往往是行会公所所在地。如北京的哪吒庙就是绦行公所。③ 而涵盖某一地域的会馆也与神庙有着千丝万缕的联系。许多山西会馆本身就是在神灵庙殿基础上发展起来的。至少在建立之初，"祀神祇"是会馆得以建立的号召，以及最主要的社会功能，"笃乡谊""联嘉会"则是围绕着"祀神祇"这一大主题展开的。④ 这些研究提示我们，行业性和地域性的民间信仰庙宇，都是会馆公所成立的依托。还有学者认为，这属于阶段性的差别，会馆的前

　　① 范金民：《商帮探源述流》，《浙江学刊》2006 年第 2 期。

　　② 王日根：《中国会馆史》，东方出版中心 2007 年版，第 39—40、55—58 页。

　　③ 陈学霖：《北京外城哪吒庙探溯——兼述清代京师绦带行源流》，载《明初的人物、史事与传说》，北京大学出版社 2010 年版，第 312 页。

　　④ 刘婷玉：《明清山西会馆祀神的社会功能》，《寻根》2007 年第 6 期。

期功能集中于联络乡情和互助，后期则主要是规范和协调同业关系。[1]有帮必有神会，表现在空间上是会馆与神庙在功能上有所重合。[2] 不可忽视的另外一种情况是，尽管庙宇中的工商业气息浓厚，却始终没有转变为会馆。北京东岳庙内就建立了诸多行业神殿宇。但现有研究表明，这类庙宇的街区性特点十分明显，颇为类似今天的所谓社区文化中心或社区公园，与行业会馆有一定的区别。[3]

尽管如此，关于商帮形成初期的祭祀场所、商业会馆与民间信仰庙宇关系的专门研究仍然缺少，一些问题有待明晰。第一，某些地域性神灵的庙宇其实就是会馆，如天后宫通常视同为福建会馆，关帝庙往往等同于山西或山陕会馆。山西客商建立的关帝庙本身就意味着会馆的创立，此后的扩容更名并不能充分证明庙宇向会馆转变的过程。到底有哪些庙宇能够转变为商业会馆？其实并没有足够的例证。第二，对于不同阶段的差别和延续注意不够。商帮形成初期的活动场所与商业会馆的异同点究竟在哪里？由此可以从历时性的过程中重新认识会馆性质。本书即从这些问题入手，以福州城外街区、闽江流域最重要的商业区域——南台为例，试图进行解答。

二 依托五帝庙的工商业群体组织

会馆和庙宇都能够以神灵祭祀产生商人群体的凝聚力，使得馆庙有时难以明确区分。清代福州南台就有不少工商业组织是依托于民间信仰的庙宇。根据老一辈工商业者口述和旧商会档案等资料整理的《福州工商史料（会史专辑）》，就记录了部分相关信息，现归纳如表2—1所示。

---

① 张忠民：《清代上海会馆公所及其在地方事务中的作用》，《史林》1999 年第 2 期。方志远：《明清湘鄂赣地区的人口流动与城乡商品经济》，人民出版社 2001 年版，第 565页。

② 陈亚平：《清代商人组织的概念分析——以 18—19 世纪重庆为例》，《清史研究》2009 年第 1 期。

③ 赵世瑜：《远亲不如近邻：从祭祀中心看城市中的行业与街区》，《东岳论丛》2005年第 3 期。

表 2—1　　　　　　　部分福州南台行业群体依托的庙宇

行业	藤器	木箱		粮食加工	渔业	屠宰	印刷	建筑、纸伞
庙宇	苍洲庵	苍洲庵	复初庵	独山	万寿祖庙	明真庵	尚书庙	复初庵	邹奶庙	鲁贤祠

　　这些庙宇主要承载了行业帮会的"庆赞"活动。南禅山的鲁贤祠（鲁班庙）就作为建筑业和纸伞业的行业神庙宇。而成立于清末的印刷业公会，并没有固定会址，"于每年五、六月间举行'庆赞'一次，地点在盐仓前邹奶庙，并聘请京班'祥陞'、'大吉'等假三山会馆演戏，由于印刷业资方多属地方豪绅，如遇晚上演戏时间延长，可以通知管理城门人员'留城'（即延长关闭城门时间）"①。该行业群体实际上游离于庙宇和会馆之间。② 位于洋中一真庵巷的三山会馆实际上属于江浙绸布业公帮，民国时期作为绸布业公会办公场所。③ 除了表内的行业，还有造船、制革、纸业、百货、颜料、生漆、海产、京果、羊肉、理发等行业也有定期"庆赞"的记录。虽然没有列出具体活动场所，但可以想见，这些行业都有依托的庙宇空间。

　　值得注意的是，表中的庙宇大多数是五帝、尚书公等与瘟疫相关的祭祀场所，以庵、洞、殿等为名。藤器业，原来都聚集在城内的下殿举行"庆赞"④。光绪二十年（1894）张贴戏榜时，城、台二帮因为排列前后次序发生矛盾，次年开始便分开进行。台帮转入南台苍洲庵，并定名"合和堂"，"推同业中年龄最长者二人为正、副行长，

　　① 福州市工商业联合会编：《福州工商史料（会史专辑）》，内部出版，1989 年，第 83 页。另外，这一情形也符合日本学者田仲一成的论断。他认为商业会馆与市场重视神诞祭祀，而农村社庙更注重春分、秋分等季节祭祀。参见田仲一成《清代会馆戏剧考——其组织·功能·变迁》，《文化艺术研究》2012 年第 3 期。

　　② 这里的"邹奶庙"，应祭祀邹夫人，又名灵应庙。明人就记录了福州城内灵应庙的情形，"有数巨石，作庙其中，祺祀邹氏夫人"。参见（明）王应山《闽都记》卷 10《郡城西南隅（侯官县）》，第 71 页。

　　③《1946 年 5 月福州市警察局小桥分局双杭所辖内会馆公业调查表》，福州市档案馆藏，档号：901－12－124。

　　④ "下殿"在福州城西南角的乌山一带。清道光朝以前建，相对于天皇岭上的瘟神庙"上殿"而俗称为"下殿"，内祀五帝，也冒称"武圣庙"。参见林家溱《福州坊巷志》卷 3 "下殿"条，福建美术出版社 2013 年版，第 125—126 页。

轮值福首，按各商号每次收购藤料金额抽取百分之一为'香金'，充作'合和堂'经费，并组织会友百寿捐，购仓山塔亭街店屋一间作为百寿捐基金。"始终以公帮名义进行活动，无组织公会。① 木箱业在清末分为直路、横路和后浦里三帮，于九、十月间分别举行"庆赞"，"以联络感情并商议帮务"。直路帮在苍洲庵、横路帮在独山、后浦里帮在复初庵。后统一为"久远轩"箱帮，统一行动。1940 年前后不再举行"庆赞"，但对于行业共同供奉的"独山三太子"神诞仍于每年三四月举行并借此商谈帮务。② 这里所谓的"独山"，就是洋中亭的独山祖殿，也属于五帝庙范畴。粮食加工业原称为米商公帮。城帮（琼水米商公帮）在水部三官堂，台帮（联兴堂）在坞尾街万寿祖庙。③ 万寿祖庙即万寿尚书庙东侧的万寿庵。屠宰业"每年各在四月、六月两次召集本地区同业集会，结彩燃灯，演戏宴饮，称为'庆赞'，藉以联络同业间感情并交流业务情况"。城内集中在北涧、西涧、芝涧、玉山涧、乡约所、蛤埕庵，南台海防前集中于复初庵。④ 团拜祭祀形式的离合，往往是行业统一与分裂的表现，尤其表现为会城与南台行业市场独立与整合的摆动。

不仅如此，还有若干庵庙因为商帮聚集活动而转变为会馆。

据光绪十一年（1885）《建新港庵竹商会馆》碑文称："吾福省新港庵竹商会馆，旧奉列圣，历有年所，将见宫殿颓烟，楼台偃草，诸商友不忍听其终废，捐资修建，庙貌重新，虬龙翻桷，牡蛎堆墙，皓壁皓曜以月照，丹柱歆艳而电烻，规矱犹仍，际此金碧联辉，神昭乙照，馨香永存，时献赓歌。"⑤ 原为当地民众供奉五帝的新港庵已经长期荒废。但由于竹商聚集其间，并在光绪十一年至二十一年共捐出 12828730 文，将庙宇修葺一新，由此转变为竹商会馆，成为竹业商人聚会、议事的场所（见图 2—6）。

同为祭祀五帝的复初庵，不仅是表 2—1 中的木箱业、屠宰业的

① 福州市工商业联合会编：《福州工商史料（会史专辑）》，第 93 页。
② 同上书，第 94—95 页。
③ 同上书，第 127—128 页。
④ 同上书，第 164 页。
⑤ 光绪十一年（1885）《建新港庵竹商会馆》碑，现存福州台江区新港街道新港庵内。

图2—6 安置于活动房的新港庵及其碑刻

图片来源：2014年8月13日摄。

"庆赞"场所，更是木业公帮成立初期的主要聚集地。民国初年，"公帮名目改称为福州杉行，呈请官厅立案，是本会已成一机关也"，民间性质的行帮向近代行会转变。不过，"会所仍假于本帮会馆，立于庙内，规模殊显狭小"，遂于1921年在庵旁集资购置房屋，独立成为行会场所。① 这一信息明确告诉我们，木业公帮已经将复初庵视为本帮会馆。

以上两例都表明福州竹木商人的早期聚集地都是依附于五帝庙宇之内，并都作为会馆。近代以后，才随着行会改组开始独立设立公所。追溯福州五帝信仰的产生，与徽州木业商人在闽江流域的活动有关。此后逐渐演变为福州最为重要的民间信仰，产生了诸多的传说故事。五帝庙数量颇多，有"九庵十一涧""十三庵廿一涧"之类的说法。② 依托五帝庙的行业中，大部分也属于木业、竹业、藤器等，保持了竹木行业与五帝崇拜的原始联系。同时，五帝信仰在福州地方社会有着深厚的民众基础，而粮食加工、屠宰等与民生最为紧密，依靠五帝庙进行集会活动，可以进一步加强与普罗大众的联系。

三 依托尚书庙的渔业帮会

因为好色、喜财等性格，官府多次将五帝作为"淫祀"进行禁

---

① 民国十年（1921）"福州杉行建立会所"碑（碑名笔者自拟），现存于福州台江区复池路复初庵旁。

② 王振忠：《近600年来自然灾害与福州社会》，福建人民出版社1996年版，第145—148页。

止。但民间社会仍然通过多种方式将其保存下来。① 相较之下，南宋名臣陈文龙、水部尚书是"正祀"的代表，得到了官府的支持，成为流行于闽江下游地区水上世界的主要民间信仰之一，② 在福州有五座较大的庙宇。五帝庙和水部尚书庙有着相似的因素。如五帝的官衔也有癀部、疾部、瘟部、疫部、疠部尚书，都有放船出海的仪式等，迎尚书公"实际上只是五帝驱瘟放洋的一种翻版"③。正因为有相似性，渔业行帮的"庆赞"地点兼有五帝庙（桥南明真庵，称为"整心轩"）和尚书庙（桥北尚书庙，名为"协心堂"）。

这里所谓的桥北尚书庙就是福州地区规模最为宏大的万寿尚书庙。原址位于南台中亭街东侧的坞尾街，面临闽江北港（台江）。目前，该庙现存碑刻仍有十余通，能够大体反映清代万寿尚书庙的演变状况。据乾隆四十七年（1782）杨廷桦的重修碑记所载，万寿尚书庙始建于明初。之后，庙宇沿革的追溯跳跃到了清前期，据说在"里人"的主持募资下，于康熙三十年（1691）和乾隆十三年（1748）分别进行了两次重修。碑文对明代发展轨迹的模糊记录，似乎暗示了该庙在当时的规模和影响力都较为有限。乾隆二十九年（1764），"抚宪定公题请祀典春秋，给祭银六两"。万寿尚书庙开始正式得到地方官府的支持。此后，官员参与捐资建设的记录渐渐增多。嘉庆年间，尚书庙进入了建设高潮，短短二十五年间，就有四次重修或扩建，"增置道头店屋"，庙宇的日常运作与商业活动日益紧密。

万寿尚书庙毗邻的中亭街是闽江流域最大的渔市。"鱼虾趁潮入市，城内外之以鱼货为业者，必黎明互市于此"④。道光时举人王廷俊对于渔市的兴盛场景有细致描写："潮船到后正斜阳，压担横山赶市

① ［美］宋怡明：《帝制中国晚期的标准化和正确行动之说辞——从华琛理论看福州地区的仪式与崇拜》，载刘永华主编《中国社会文化史读本》，北京大学出版社2011年版。

② 黄向春：《地方社会中族群话语与仪式传统——以闽江下游地区的"水部尚书"信仰为中心的分析》，《历史人类学学刊》第3卷第1期，2005年。王元林：《国家正祀与地方民间信仰互动研究——宋以后海洋神灵的地域分布与社会空间》，中国社会科学出版社2016年版，第320页。

③ 王振忠：《近600年来自然灾害与福州社会》，第180页。

④ （清）郑祖庚：《闽县乡土志·地形略·南台区》，第505页。

忙。一带中亭街闹甚，钱分铜铁价低昂。"① 中亭街的渔市吸引了大批渔业人群。在众多捐输题名中，我们可以发现不少渔业人群的信息。据乾隆四十七年的捐输题名碑记载，"本铺钓商共番一百七十五元"。"铺"与"境""社""保"等同属于福州南台划分街区的微观地理单元。"本铺"指尚书庙所在的街区。根据松浦章的研究，钓船在清代民国时期一直被视为运输船和渔船，主要航行区域在福州、温州、上海沿海地域以及长江流域等。② 可见，"钓商""钓船户"实际上就是亦渔亦商的人群。③

　　不过，既然称为"本铺"，说明还有"外铺"或者其他地区的渔业群体。"本铺钓商"出现的同一碑上就有"嘉登里公帮外商"的记录。"嘉登里"沿袭了宋代乡里旧称，主要包括了闽江口的琅岐、川石、壶江诸岛，属闽县管辖。"嘉登里四面环海，故人多业渔，钓船为最多，出产亦以水物为多"④，钓船户的数量可观。由此可以推测，题名碑中的"本铺"正是为了与外港渔帮区分开来的表述方式。不仅如此，水部门外有河道与闽江相通，被称为新港，是沟通会城与南台的重要水路。据《闽县乡土志》载，"路通桥下鱼菜船森列，由台江入新港上泊，有牙行聚此贸易"⑤，也是一处颇具规模的渔市。路通桥边现存有一通道光己丑年（九年，1829）的题名碑，上有琅岐澳江孝连、长邑梅花澳王梓香等人参与修建桥梁的记录，⑥ 同样说明了闽江口渔民、渔商在福州市场的活跃。

　　存放于尚书庙的一通乾隆四十四年（1779）题为"奉宪令严禁"之碑刻中也涉及渔民群体。根据碑文记录，江元达等十一个钓船户从

---

　　① （清）王廷俊：《台江竹枝词》，载林家钟编选《明清福州竹枝词》，第 58 页。
　　② ［日］松浦章：《清代沿海钓船的航运活动》，载上海中国航海博物馆编《国家航海》第 13 辑，上海古籍出版社 2015 年版，第 67—76 页。
　　③ 福州渔船业于 1948 年才成立同业公会，会员包括来自于福州琅岐、长乐梅花、连江琯头等地的渔民和渔商（参见福州市工商业联合会编《福州工商史料（会史专辑）》，第 150 页）。说明该行业一直具有亦渔亦商的色彩，且地域来源与乾隆、嘉庆时期碑刻所载信息大体一致。
　　④ （清）郑祖庚：《闽县乡土志·地形略·嘉屿区》，第 557 页。
　　⑤ （清）郑祖庚：《闽县乡土志·地形略·南台区》，第 510 页。
　　⑥ 《（道光九年）路通古迹》碑，现存福州台江区新港街道路通桥头。

浙江渔场归来后，"由闽输税，年完课饷"，而且"商贾经营，采捕穷苦，过舡输课，唯钓船税务甚多"。但是"受尽胥役地棍作吵索羹。又遭马快流丐、盗匪案贼，勒索花红。蜂拥船中索羹，便依则无法，忤利受害，横志强取，近此夺来。另有一班查街巡役，扶同有示，百般欺凌，吞针哑献，稍缺一二，度致挟嫌，祚指盗诬"。这类事件从乾隆元年开始，已经三次由官府出示禁令，仍屡禁不绝。在钓船户的持续呼吁下，官府继续禁止勒索行为，允许渔户将勒索者"扭解赴府，另凭严究"，并要求当地澳保配合执行。这些信息能够进一步表明该庙是渔民群体会集之地。他们将这一重要碑刻存放于尚书庙，从而使其演变为彰显本行业利益的场所。

由于福建渔民多赴浙江从事渔业生产活动，因此浙东沿海常能寻觅到福州钓船户的踪迹。象山县石浦延昌天后宫就是嘉庆年间由福州人黄其鸣等捐建，[1] 故而又名三山会馆（福州别名三山）。馆内现存一通嘉庆二十五年（1820）浙江海防分府的"勒石永禁"碑，记录了闽县举人陈敬丹关于福州船只遭到牙行、书役、保甲等勒索情形。"武弁衙胥视商渔为利薮，毋论置造买顶换照及挂验出入，多方需索，留难阻滞。"[2] 万寿尚书庙和象山天后宫两通时间相差三十余年，但内容近似碑刻，说明牙人、胥吏勒索是渔户遭遇的共同问题，皆显示出福州籍渔民船户保护自身利益的需求。象山的天后宫已经演化为渔民会馆，而万寿尚书庙也具有渔民聚集的特征，但仍是福州南台商埠的一处公共空间，并没有被某一群体所垄断。

三　天后宫与商业会馆的关联

至迟在嘉庆九年（1804），万寿尚书庙碑刻中已经出现了后殿演变为天后宫的记录，形成了同为海洋神灵的水部尚书和妈祖共居一庙

---

① 象山县海洋与渔业局渔业志编纂办公室：《象山县渔业志》第15编《渔文化》，方志出版社2008年版，第543页。

② 《福建省例·船政例·（乾隆三十七年，1772年）严禁勒索船只验烙给照陋规》，《台湾文献丛刊》第199种，台湾银行经济研究室1964年版，第614页。

的景象。天后妈祖作为全国性的"正祀"，进一步扩大了尚书庙的影响，不再局限于渔业群体。在庙宇历次修建、捐赠的碑刻题名中，留下了许多经商群体的信息，如南郡会馆、西路纸箔商、霞浦福鼎宁德福安麦商、晋江锖商、泉郡糖商、桐山烟药商、山东公帮、诏安公帮、长邑河下公帮等地域商帮、会馆，还有青果帮、铁钉行公帮、铁条公帮、烟筒行公帮、橹店公帮、香药商等行业性的群体和帮会。而琉球贡船直库、琉球大船直库水手、桐山帮船户、厦港船户、泉郡石浦乌艚公帮、宁波乌艚帮等水手、船户也有不少。

这些形形色色的行帮组织，代表工商业群体组织的不同发展程度。南郡会馆于康熙年间即已建立，是闽南商人的议事场所，[1]可以视为传统商帮发展的完善阶段。而诸多工商业群体自称为"帮"或"公帮"，未必建有会馆。关于"公帮"，清末尤溪县禁革当地纸行公帮的告示中称："林长成等纸行，并非领帖之户，尽人可开，私立公帮，已干例禁。观其所定帮规者，如纸客别卖，不准帮内私抬价值，违者重罚，如有私买，将纸充公，其店闭歇等语，是疰禁锢槽户，压制别行，即律所谓'把持行市专取其利者'也"[2]。虽然尤溪县属于闽江上游的延平府，但由于"公帮"名目在整个闽江流域乃至更大范围内存在，可以将其作为重要线索辅助解读。从告示可知，"公帮"是联合某一行业或地域的民间组织。公帮还制定有相应的规条，进行内部管理和对外竞争。

"帮"或者"公帮"是会馆建立的基础。以经营中琉贸易的商人为例，嘉庆二十三年尚书庙修建碑记载有"球帮"字样，"天上圣母"碑则有"琼水会馆"。琼水会馆建于道光三年（1823），[3]可以确定"天上圣母"碑的时代是道光朝以后。而从"帮"到"会馆"，是工商业群体组织性进一步提升的标志。在这一过程中，商帮参与的民

---

① 《1946年5月福州市警察局小桥分局双杭所辖内会馆公业调查表》，福州市档案馆藏，档号：901‑12‑124。

② 民国《尤溪县志》卷8《杂识·（光绪二十二年）苏元樫禁革公帮告示》，《中国方志丛书》华南地方第230号，成文出版社1975年版，第1081—1082页。

③ 傅衣凌：《福州琉球通商史迹调查记》，载《傅衣凌治史五十年文编》，中华书局2008年版，第236页。

间信仰发生了微妙的变异。乾隆、嘉庆年间，无论是琉球使节、水手还是球商还积极参与尚书庙的建设，似乎表明他们对于尚书公的笃信。但到了道光年间，球商独立设置会馆，却以天后宫为名，在现存碑刻中未发现他们将尚书公纳入会馆祭祀。

浙江木商实际上包括木业交易的商人和从事木材贩运的船帮。他们已经在乾隆中叶分别建立有安澜会馆和浙船会馆。① 同治九年（1870）浙江镇海人周巨涟的《重刊圣迹图志序》称，"吾浙僻处海陬，航海为业者多，故咸知敬信天后，所在立庙以祀。今闽中南台天安山之麓有安澜会馆，番船浦有浙船会馆，俗所称上、下北馆者是然。既有庙以妥后之灵，尤当有书以志后之事"②。可知两处会馆内均奉祀妈祖。在万寿尚书庙天后宫碑刻题名中也有两浙木商的相关信息："天上圣母"碑有"两浙木商"以及"宁波老帮""宁波新帮"。嘉庆九年天后宫碑记上有"闽侯宁波公帮"、嘉庆十三年题名碑有"宁波乌艚帮"。尽管该商帮已设立了会馆，但仍以"帮"的名义捐输。特别注意的是，在尚书庙捐输题名中并没有发现该帮商人的题名。可见，有的商人组织实际只参与后殿天后宫的捐输。

无独有偶。福州南台的竹林尚书庙于光绪甲午年（1894）重修。据现存的石柱标识，是由"古邑米商公建"③，即来自古田县的米商共同捐资建设（见图2—7）。福州古田会馆直至1914年才联合红糍帮、茶帮、焊帮等行帮完全建成。早期的建设阶段中，米商同样发挥了重要作用，如于1898年牵头购买土地。会馆碑记称，"凡所擘画，初尚限于米商一部"④。古田会馆与竹林尚书庙的地址邻近，均位于帮洲、

---

① 黄忠鑫：《清代两浙木商与福州木材市场秩序——基于浙船会馆碑刻的考察》，《福建师范大学学报》2015年第1期。

② 《天后圣母圣迹图志》，福州安澜会馆1870年刻本，浙江省图书馆藏，书号：G000681。

③ 竹林尚书庙已易地重建，原址位于现江滨西大道跨越白马河口的桥基之下，尚存石柱两个。

④ 黄忠鑫：《清末民初福州的古田商帮——以福州古田会馆碑刻为中心的考察》，《中国经济史研究》2012年第1期。

三保一带，表明这一区域是古田商人尤其是米商的活跃地带。直至民国十四年（1925）三月，福建财政厅还在竹林尚书庙竖立了一通禁示碑，内容是："撤销秣米牙勒石示文。闽产秣米，有关民食。前办官牙，业准裁撤。特再勒禁，永不设立。"可见，竹林尚书庙一直与米业商人保持密切的关系。古田米商在福州的早期活动，应以竹林尚书庙为重要场所。他们积极斥资建设，将该尚书庙作为准会馆。而联络同乡各业商人的古田会馆，祭祀对象依然是天后，会馆大门上书为"天后宫"。馆内的石楹联还显示，观音、曹娥等民间诸神也在祭祀之列，却丝毫未见米商崇奉的尚书公。

图2—7 竹林尚书庙遗存大门和石刻

图片来源：2016年8月9日笔者摄。

崇奉妈祖，将会馆命名为"天后宫"的现象，在福州南台比比皆是。尤其是福建本省商人会馆，如莆田的兴安会馆、闽东的寿宁会馆、宁德会馆等，均悬有"天后宫"之石额，与遍布各地的福建会馆名为"天后宫"的情况完全一致。外省客商中，最为显著就是浙江木商，也十分笃敬天后。有如此之多的商业会馆崇祀天后，与本地居民的天后宫混为一谈，以至于晚清来福州的传教士认为南台"妈祖庙很多"①。换言之，除了部分外省会馆崇祀本省神灵，②以及少数福建籍商人以会馆主祭五帝等之外，南台的商业会馆均以天后妈祖为供奉对象。

形成鲜明对比的是木业中的浙江帮与福建帮，分别以天后和五帝作为祭祀对象。浙商资本雄厚，而且有官方支持的背景。闽浙总督孙尔准兼署闽海关印务时，曾大力推动浙商赴闽贩运木材。③ 因此，两浙木商具有一定的官商色彩，不可能参与五帝"淫祠"的祭祀活动，甚至不顾同为海神、地域色彩浓重的水部尚书，专门供奉具有普世意义的天后。与浙江木商集中于闽江南岸的仓前山，专注沿海运输不同，福建木业商人则汇聚在闽江北岸的帮洲、义洲一带，更多地与闽江上游、支流连通的山区进行联系，放排至南台再进行转运。因此，集中于此的福建木商具备了显著的内陆特征，更容易与地方社会的神灵融合。

古田商帮的例子更能说明福建内陆商帮不断发展壮大的历程，以及在这一过程中祭祀神灵的变化。古田商帮原多为米业商人，而粮食贩运主要服务于福州城市的日常消费，属于流域内的小范围贸易。因此，他们早期在南台参与的神灵祭祀，主要是福州本地民众崇奉的水部尚书。此后，以国内和海外贸易为主导的茶商、红糆商的加入和共

---

① ［美］卢公明：《中国人的社会生活：一个美国传教士的晚清福州见闻录》，陈泽平译，福建人民出版社 2009 年版，第 140 页。

② 南台的外省会馆主要是广东、江西和浙江三省商人所建。江西、广东会馆的祭祀情况不详。但城内官商合建的两广会馆同时祭祀洪圣（南海神）、文昌、武帝和天后等神灵。其中，天后的祭文中专门提及保佑"坐贾行商"的内容（参看《两广会馆纪略》卷上《进火祭文》，第 63、71 页）。这说明不同势力合建的会馆，其祭祀也需要显示公平。天后是作为商人代表神灵被列入会馆的，文昌和武帝更多代表的是文武官员，而洪圣是岭南地方神。似乎可以想见，南台广东会馆中天后应是主要祭祀神灵。

③ 郑一谋：《孙尔准与"安澜会馆"》，载福州晚报社编《凤鸣三山》第 2 辑，内部出版，1990 年，第 195—196 页；传成：《关于〈孙尔准与"安澜会馆"〉》，载福州晚报社编《凤鸣三山》第 5 辑，内部出版，1997 年，第 238—239 页。

同合作，才使同乡会馆得以顺利建成。会馆的祭祀对象，选择以具有共同认同感、商业色彩更为显著的天后，显然是合适的。球商的琼水会馆也是如此。尽管琉球册封使节、水手、商人等都崇奉水部尚书和妈祖，但作为商业会馆，祭祀天后已经成为惯例。清代妈祖已经演变为"全国海商之神"，即便是莆田故里的商人，也随着商业网络的扩展，兴建新庙表达新的认同。[①]

会馆建成之后，祭祀功能被长期摆在十分显著的地位，甚至盖过了议事、投宿和储货等商业功能。建宁县商帮在福州南台建有绥安会馆天后宫。"光绪三年丁丑（1877），邵武纸帮傅济川、曾玉轩等以该邑纸、木、茶、笋等帮运货至省及天津等处，历滩浮海，感戴神灵，思所以报答，而无善地以建祠宇，因公捐银三千元入绥安，每岁另择日期祭祀献酌，明附入也"，并在会馆规条中明确规定："会馆系敬神之所，旧章凡有同乡客商到省，不得任意寓处并寄储货物，以昭肃静。"[②] 该会馆订立了不准寄宿和储放货物的规定，而这些禁止的内容恰恰却被很多会馆史学者认为是商业会馆的基本功能。可见，会馆是特定商帮在群体和资本规模达到一定程度的情况下，独立建设的祭祀场所，与公共庙宇区分开来。

四　结论

本章的分析表明，清代福州南台存在三类与工商业相关的庙宇。服务于城市消费的工商业群体通常选择五帝等地方性民间信仰庙宇，作为"庆赞"场所。这些神庙往往是不被正统所认可的淫祠，却拥有深厚的民众基础。还有一些庙宇具有共同空间的特性，尤以水部尚书庙为代表。尚书庙具有"正祀"的身份，又带有浓厚的"淫祀"仪式色彩。万寿尚书庙、竹林尚书庙分别作为渔业、米业的祭祀议事场

---

① 李伯重：《"乡土之神"、"公务之神"与"海商之神"——简论妈祖形象的演变》，《中国社会经济史研究》1997年第2期。

② 民国《建宁县志》卷6《祀典·天后宫》，《中国方志丛书》华南地方第104号，成文出版社1967年影印版，第69页。

所。除此之外，参与其中的工商业群体类型多样，组织名称复杂，由此表现出来的特征与北京东岳庙颇为相似，亦可视为各色工商业者的公共空间。作为特定地域与行业的商人会馆，也具有十分显著的祭祀功能，是商帮的专属庙宇。这类"正式"会馆中的商业群体往往具有明显对外贸易色彩，因而几乎都以天后宫为名，但内部的祭祀神祇并不单一。由此可见，工商业群体的组成与发展是复杂的，而不同类型和层次的庙宇信息，能够为我们了解这类群体的实际状态和演变情况提供重要线索。

因为庙宇与会馆存在层次差别，又有密切关联，所以我们不能仅从商业经济的维度来评判会馆的性质，更不能由此忽视某些神庙所具备的会馆特性。在会馆尚未建立以前，不少庙宇就是客商、行帮等活动、组织的"商业基地"，具有过渡性。民间信仰与商人群体、神庙与会馆存在难分难解的关系。神庙祭祀对于工商业者的浸染影响，可能是会馆具有祭祀功能的渊源之一。这一演变过程为以往会馆史、商业史的研究所忽视。近代商会、同业公会建立之后，传统会馆与神庙以神灵祭祀为文化情感纽带，凝聚同业、同乡，表述自身利益的功能也没有完全消退。

第二章

古田会馆开支与商帮发展趋势的
互动

1947 年，经过修订的《金翼》在伦敦正式出版。作者林耀华先生别出心裁地以小说的形式，向世人娓娓地讲述其家乡两个家族的故事，进而揭示了社会人际关系及其体系的种种奥秘。故事主体"金翼之家"正是依靠着古田与福州之间的贸易，取得了极大的成功。如果换一角度考量，这部名扬中外的社会学、人类学著作也记录了不少古田商帮在近代福州经营活动的细节，颇具史料价值。尽管如此，关于福州古田商帮的更为详尽的研究却付诸阙如。不过《金翼》所提及的福州古田会馆至今留存，其中的三通碑刻是关于古田商帮研究的珍贵资料，亦有助于丰富我们对于近代闽江流域商业和商帮经营实态的认识。笔者于 2010 年初前往考察，抄录相关内容，试结合其他文献记录解读如下。

一　福州古田会馆的营建

古田县位于闽江中游，旧属福州府，为传统社会所谓的"福州十邑"之一。清末的乡土志对该县商业的地域性差异有如下概括：

> 本境居万峰之中，舟楫弗通，无珍材美货之产。西南之偏有困关焉，汇延、建、邵之水以达于海，地当数郡之孔道，水路要冲，舟车络绎，聚族之民大率车鱼盐、逐什一者居多。溯流而上，则黄田、谷口，均濒大江，市易颇臻畅旺。迤东与宁德、罗

源为近，地广民众，杉洋、鹤塘诸村颇成镇集，然村氓市物往往
多由邻邑。北则平湖，上达屏南、建邵境，虽偏僻，尚属通途，
商贾亦争赴之。①

可见，古田县由于较为便利的水陆交通条件，四乡的商业发展程
度虽然有所差异，但均有规模可观的市集，全县商业颇为繁盛。当地
民众经商者众多，尤其以沿闽江的西南乡一带为盛，其经营以沟通闽
江上下游商品流通为主，位于闽江口的福州当为其主要经营地之一，
而会馆建设正是古田商帮在福州的经营形成一定规模的体现。

古田会馆位于今福州市台江区同德路口（旧时称三保街吴厝埕），
与著名的下杭路一街之隔。今"双杭"（上杭路、下杭路）一带，在
清末民国时期，福建各地商人自此开设商店、创立会馆，是福州市内
会馆最为集中的地带，而在诸多会馆中，古田会馆保存最为完整，正
门、戏台、拜亭、大殿等主体建筑均留存至今（见图2—8）。

图2—8　福州古田会馆

图片来源：2012 年 7 月 30 日笔者摄。

---

① 光绪《古田县乡土志·商务》，1906 年铅印版。

拜亭西面墙边的三通石碑，保存完好、字迹清晰，详细记录了该会馆的创始过程。这些石碑立于民国四年（1915），碑顶雕有十八星旗和五色旗，具有明显的民初色彩。从右往左依次为："古田会馆记""收入各项""开支各项"（以下分别简称《记碑》《收入》《开支》）。不过，古田会馆的《记碑》《收入》和《开支》的记录有所出入，需要将文字和数字互相对照，进而重新梳理古田会馆的建设过程。兹将魏明然所纂《记碑》全文录出：

> 古田会馆经始于癸卯之岁，越六年成。明然谬承推举，忝董斯役，常惧陨坠，贻桑梓羞。今幸不辱命，克观厥成，谨举其崖略，以为诸君子告。明然窃维会馆之设，所以敦桑梓、联声气，俾乡之人商旅于是邦者，皆得收群萃州处之益也。古自唐宋以来，隶版图千余年矣。地理人文后先辉映，过来物产益多，商业寖盛而会馆独付阙如，邑人憾之。迄前清光绪廿四年间，谷黄商董陈必光曾与诸当事筹买地基一所，即欲兴建，无奈费巨款绌，迁延未果。先是，谷黄米商原有米捐公积以备会馆之用，是时为数尚微。必光之意，盖欲暂从缓议，冀款渐增而事易举也。无何而必光于光绪廿九年捐馆舍，明然因与商界诸君协算捐款，计存积仅千余元。众议佥以会馆不可缓，于是年兴建便，并公举明然主其事，明然固辞弗获，免［勉］任其难，爰即鸠工庀材，就旧购之地，是荒是废，凡所擘画，初尚限于米商一部。翌年冬，柚、茶、焯诸商亦合并为一，于是各就所业，随捐随建，既不取盈于他物，亦无特别之捐输。今则丹青涂塈之华、染桶垣墉之美，已焕然其毕备，而综计出入，尚有盈余。明然义务已尽，行当卸肩，□代归老于华峰剑阁间矣。用特略叙颠者，亦视今日而有加无已，斯固吾古田之幸，而明然所馨香而颂禧者也。

清光绪二十四年（1898），由古田米商陈必光牵头，在台江购得地皮，即《开支》碑文所谓的"陈王空地"，欲在此基础之上兴建古田会馆。因后续资金不足而不得不拖延。五年后，陈必光去世（"捐馆舍"），众商认为"会馆不可缓"，于是推举同乡魏明然主持会馆的建设。

从魏氏的记录来看，会馆工程任务巨大，而米帮（从地域上又分为谷黄和都县两支）之力有限，资金来源上不得不有所拓展。直到1904 年冬，古田商帮的其他分支，包括红柚帮、茶帮、焯帮才加入会馆的建设。然而《收入》碑所提供的信息却与之有所差别（参见表2）。只有茶帮是在1904 年（即光绪卅年）首次捐款，而红柚帮和焯帮早在1898 年均有捐款。1904 年的"合并为一"大概是指五个分支商帮的首次联合，且此后十年间各帮均不间断捐输。现据《开支》碑开列的各项历年开支整理如表2—2 所示。

表 2—2　　　　　　　福州古田会馆历年建设费用　　　　　单位：两

年份	建筑材料费用						工钱		其他费用			
	砖瓦	土木钉	石料	木料	铁料	颜料	土匠工	雕锯工	修理	地产	器具	祭祀
1898										1213.042		
1903										329		128.884
1904	527.912	306.53	451.777				204.913					
1905	429.203		1032.592	1217.8			180.053	339.716			282.427	143.405
1906	88.398		237.132				153.123					83.681
1907	192.512		553	1210.118	54.6	30.152	320.467	319.872				105.69
1908	356.498		414.33	905.814	223.517	13.33	124.271					462.092
1909							1164.17		54.18			557.116
1910							231.49		31.703			448.035
1911									23.642		121.502	355.59
1912									10.346			198.025
1913									14.581			380.871
1914										2411.533		250.69

通过表 2—2 的整理，我们可以较为清楚地看出古田会馆兴修的历程分为若干阶段。1903 年购得馆址，次年五帮共同捐输，开始全面的建设。1904—1908 年，主要投资方向在于会馆主体建筑——包括正门、四面风火墙、石戏台、天井、酒楼、拜亭、大殿等部分。1909—1913 年则进入局部维修阶段，并对栋梁、戏台基座和拜亭等建筑进行金朱上色。1914 年又购得右侧既有库房（又称西跨院）扩充规模，

至此会馆方告竣工。整个工程历时十年，共筹得款项 18287 两 7 钱 3 分 5 厘，耗资 18889 两 3 钱 8 分 8 厘，超支 601 两 6 钱 5 分 3 厘。

古田会馆建成之后，主要发挥了两大功能：其一，作为地域性商帮的协调场所。《金翼》中的三哥被选为轮船公司经理之后，为了不耽误学校教书时间，特意在福州古田会馆设立办公室，交由同乡管理。① 我们可以相信，投入使用的古田会馆，很快便发挥出"敦桑梓、联声气"的功能，为旅居省城的古田商帮提供了一个良好的公共空间。因而会馆的石楹联也格外彰显古田的地方特色：

接二百七里风光，宫殿辉煌宏壮制；开四十八都盛会，衣冠跄济透神庥

闽峤焕光辉，宫殿洞开仙世界；蓝田新结构，文章雅集古衣冠

古田县在明清时期分为 48 个"都"一级的地域单元，全县幅员达 207 里，这些数字皆指代古田本土。福建是朱子理学的发源地，而位于杉洋村的蓝田书院，曾是朱熹讲学之所，被认为是"武夷之支"，是古田极为重要的文化象征。② 与徽州商人在异乡彰显朱子紫阳文化相似，古田人亦通过强调"蓝田"这一文化传统，高自标置，加强商帮的内部凝聚力。

其二，会馆也是重要的祭祀场所。据表 2—2 显示，古田会馆从 1903 年、1904 年主体工程建造之初，即有连续的祭祀开支。会馆大门上书"天后宫"，可以确定会馆的主神当为妈祖。这也在会馆留存的石楹联中得以体现：

大地仗神威，过眼波涛澄碧海；异乡敷恺谊，回头风景忆

① 林耀华：《金翼——中国家族制度的社会学研究》，生活·读书·新知三联书店 2008 年版，第 200 页。

② 张小军：《村落碑铭与国家：兼论华南乡村社会的国家化》，载张小军、余理民编《福建杉洋村落碑铭》，香港华南研究出版社 2003 年版，第 11 页。

蓝田

慈航普度观音偈；孝水流芳曹女碑

宴饮一堂，客地有缘逢旧雨；馨香百代，灵宫镇日捧慈云

金阙壮，神威仙仗，炉香供麝火；玉田开，杰构江城，福地敞龙珠

从上面的楹联可以推测，观音、曹娥等民间诸神也在祭祀之列。此外，在古田影响巨大的临水陈夫人信仰可能亦在配祀之列，今皆不存，难以考证。唯有作为祭神表现形式的戏台和拜堂，显示了古田会馆"馆庙合一"的特点，反映了古田商帮的精神诉求。

二　福州古田商帮的经营内容

在碑文中，共记录了古田商帮的五个行业，他们不仅是会馆建设的主体，也是古田商人在福州的主要经营范围。

谷黄米帮在会馆建设的全过程中一直居于主导地位，显示出较为丰厚的财力，这与福州城市粮食需求的背景密切相关。福州"产米极少，向资溪海转运"[1]。稻米有两大来源，闽江上游而来的稻米称作"溪米"，此外便是经海路而来的"海米"。有研究表明，清代后期是福建历史上缺粮最严重的时期，这一情况在民初也没有什么好转。[2]那么，清末民初福州粮食业的发展态势良好，供不应求，粮商拥有大量的资本积累。而古田县南部的黄田、谷口（即《金翼》中所谓的"湖口"）一带为产米要区，是谷黄米帮得以兴起的极为重要的基础。据调查，谷口输入福州之米主要是糯米，1935 年曾达到 20000 担。[3]而古田年平均余粮额达到 64000 担，[4]那么谷黄一带的粮食输出大约占古田全县的三分之一。由于临近闽江，谷口、黄田一带还是上游米

① （清）郑祖庚：光绪《闽县乡土志·商务杂述·输入货》，第 702 页。
② 林庆元主编：《福建近代经济史》，福建人民出版社 2001 年版，第 194 页。
③ 福建省政府秘书处统计室：《福州粮食运销存储概况》，1938 年油印版。
④ 林庆元主编：《福建近代经济史》，第 579 页。

船的必经之地。1937年6月闽江大水，黄田、谷口一带受灾严重，导致上游的米船不下，下游居民"乏食者三日"①。可见，古田稻米对于福州城市日常粮食供应具有相当大的影响力。

同时，与闽北、闽东各地的情况相同，古田的麦、豆出产较少，需要通过福州进口。不仅如此，食盐和咸鱼也是福建内地市镇的重要商品，包括"金翼之家"在内的古田商家也同时兼做咸鱼和稻米生意。这样，作为古田的一大门户地带，谷口、黄田汇集了大量顺流而下与逆流而上的商品流，成为闽江流域重要的商业节点，"市易颇臻畅旺"②。谷黄米帮兼具产地和交通优势，生意尤为兴盛，故经济实力在古田商帮中尤其突出。

至于都县米帮，实力较弱，尽管历年经营变化幅度相对较小，但比重小，且呈下降趋势，1914年甚至不再居捐输之列。笔者推测，此时该帮极有可能已经并入谷黄米帮。故碑记虽号称五大帮，但《收入》碑中却称都县米帮为"都县米"，略去"帮"字。

红糟，今简称红曲，或称为红米，是古田县的一大特产，主要是将大米用微生物发酵而成，有食用色素、药材、酿酒等功用，分为色糟、库糟、重糟、市糟四种，作用各有不同。近人陈文涛所编的《福建近代民生地理志》中将其作为本省重要工业产品之一进行介绍。福建红糟的产地在闽清、古田、屏南三县，而古田一县的产量就占全额的四分之三，尤以北乡居多，清末扩展到东乡。③ 县北平湖镇一带，是"糟业荟萃之地"。尤其是色糟一种，"除古田北乡外，无有能制者"。福州的糟行均由古田平湖人所经营。即便是全国范围之内，红糟的产地也仅限于浙江、福建、广东三省。"惟福建红糟，则南至香港，北销牛庄，中运扬子江流域。在浙江温州、宁波一带食物染料，亦惟福建糟是赖，可见其范围之广矣。"具体销路为：

　　色糟通销全国；重糟销天津、牛庄、汉口、香港及本省兴

---

① 民国《古田县志》卷3《大事志》，1942年铅印版。

② 光绪《古田县乡土志·商务》。

③ 同上。

化，为制番茹烧之用；库釉九成销福州大酒库及古田本县，余销上海、温州；市釉则就地销售，并零售福州之小酒库。据釉业中人云：色釉、重釉轻重悬殊，海关一律按重量抽税，纳同一税额，运重釉一石可运色釉三石，此色釉合宜处也。然北方诸省买卖亦以重计，则输出重釉，又较合宜矣。①

可见，红釉作为古田的地方特产，是该县的大宗出口产品，在福州和全国都有相当的市场，并按照相应的税则和市场习惯供应不同品种。因此，红釉帮在古田各帮之中亦占有重要地位，经营态势良好，仅次于谷黄米帮。

"焯"在古田民俗用语中多为燃烧之意。如当地物产"酸"，俗称"桐焯"，为麦秆、稻秆及杂木所烧之灰。古田木材资源丰富，且此处为闽江上游各地木材运往福州的换船处，故当地木商众多。焯行可算作木行的一种，以经营薪柴木炭为主。1865 年，美国传教士卢公明对于福州城市燃料供应有所记录：

> 福州人的燃料基本上是不成材的杉木和松木。木排沿着闽江漂到福州，捞上岸结成约长两尺长的木段，一捆一捆扎起来。用硬木烧成的木炭也是从闽江上游运来的，数量很大。②

1919 年，勘察人员在古田亦见当地乡村砍伐"材质疏松"的马尾松，将其作为燃料，"运输于城市"③。在当时的燃料条件下，福州城市对于薪柴木炭存在大量需求，焯行由此而兴。正如《闽产异录》所云："闽以松入爨，称为火柴。故业木、植木料者，称'火贩'。"④

据《古田县志》记载，在清同治、光绪年间，"茶业为本地出产

---

① 陈文涛编：《福建近代民生地理志》，福州远东书局 1929 年版，第 430-432 页。
② ［美］卢公明：《中国人的社会生活——一个美国传教士的晚清福州见闻录》，陈泽平译，福建人民出版社 2009 年版，第 26 页。
③ 默翁：《古田纪行》，《地学杂志》1919 年第 11、12 月合刊。
④ （清）郭松柏：《闽产异录》卷 1《货属》，岳麓书社 1986 年标点版，第 27 页。

品一大宗"，茶行众多。由于 1900 年前后茶叶价格下跌，[1]"本地茶业失败，茶行尽闭歇，茶山亦荒。迩来有名于社会者，只九都之乌龙、十七都之水仙而已。惟出产有限，不敷本地销售"[2]。仅有少数乡村制造绿茶，运往福州销售。不过，福州虽为重要的茶业出口港之一，但以红茶居多，绿茶最少。因此，少之又少的古田绿茶不足以弥补茶行的损失。美国学者托马斯·莱昂斯依据历年海关贸易统计，进行相关辨析后认为：近代福州茶业输出的态势，在 1880 年达到峰值，1885—1886 年有所反弹，而此后一直剧降并几乎持续到 20 世纪初期。[3] 正当古田会馆创建之时，福州茶市却备受打击，大概是古田茶帮的捐款较之各帮有所迟缓的原因。

三　捐输方式与经营态势的关系

古田会馆的捐输方式，是各帮"各就所业，随捐随建，既不取盈于他物，亦无特别之捐输"，现据《收入》碑将各帮历年捐输概况整理如表 2—3 所示。

表 2—3　　　　　　　　**各帮历年捐输数量**　　　　　　单位：两

年份	谷黄米帮	都县米帮	红柚帮	焯帮	茶帮
1898	336	140	343.7	154	
1899	242.142			＊＊	
1900					
1901	＊				
1902					

---

① 这一时期茶业不振，主要由于印度、锡兰、日本等国外茶叶大规模种植所导致中国茶叶丧失大量海外市场。可参见陈慈玉《近代中国茶业的发展与世界市场》（台北"中研院"经济研究所 1982 年版）相关论述。

② 民国《古田县志》卷 17《实业志》。

③ ［美］托马斯·莱昂斯：《中国海关与贸易统计（1859—1948）》，毛立坤等译，浙江大学出版社 2009 年版，第 96 页。

续表

年份	谷黄米帮	都县米帮	红釉帮	焯帮	茶帮
1903	415.96			341.812**	
1904	2188.714*	61.984	418.762		519.766
1905	676.764	39.54	485.7	85.832	240.728
1906	793.902	37.934	583.76	103.377	136.179
1907	583.066		543.54	79.95	154.258
1908	622.15	74.977	426.25	55.848	231.475
1909	758.919		448.844	67.404	125.789
1910	708.374	12.18	457.394	43.396	123.519
1911	781.966		410.1	52.478	121.249
1912	577.615	36.053	450.059	51.072	100.632
1913	221.63		98.38	40.478	53.364
1914	794.86		549.25	45.182	39.579

注：*该柱捐输包含 1901 年、1902 年和 1904 年三年度。

　　**该柱捐输包含 1899 年、1903 年、1904 年三年度。

从各行帮捐款的次数和数额来看，谷黄米帮最多，共捐款 14 柱，共有 9702 两 6 分 2 厘，超过总数的一半。其后依次为红釉帮（12 柱，5215 两 7 钱 3 分 9 厘）、茶帮（11 柱，1846 两 5 钱 3 分 8 厘）、焯帮（12 柱，1120 两 8 钱 2 分 9 厘），最少的是都县米帮，仅 7 柱，402 两 6 钱 6 分 8 厘。

需要注意的是《记碑》提到超支款"于民国四年后抽收填补"。这里的"抽收"当是"抽厘"这种募资方式。许檀教授认为，会馆集资方式主要有认捐和抽厘两种，可以从数额明显区别。认捐一般是整数，抽厘则往往带有尾数。① 那么，从《收入》碑文记录，光绪二十四年（1898）的各帮捐输多为整数，以后各年份均带有"钱""分""厘"等尾数。可以初步确定，1898 年的捐输为"认捐"，1899 年以后的捐输方式为"抽厘"。另外，红釉帮在 1898 年和 1899

---

① 许檀：《清代河南的商业重镇周口》，《中国史研究》2003 年第 1 期。

年两年度合一缴纳，为343.7两。考虑到1899年谷黄米帮的捐输金额存在尾数的情况，可以推测红糟帮是从1899年开始按照抽厘输纳，并在此时补纳1898年的数额。

"抽厘"，是以年度经营额为基数，按照一定的比例（如1‰）收取，且抽厘率在不同年份可能有所差别。因此，根据捐输数额的多寡，可以反推出年度营业额度。遗憾的是，笔者并未找到关于古田会馆抽厘率的记载，若估算各帮历年经营额必有所偏差。但是，在同一年份下同一的抽厘率，可以从一定程度上显示各行帮相对经济实力的大小。历年的捐输数额足以使我们了解清末民初这十余年间福州古田商帮各行业的经营态势（见图2—9）。①

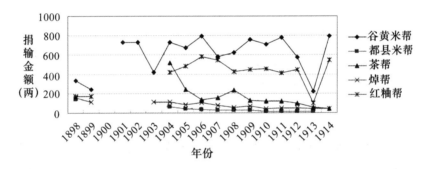

图2—9　古田会馆各帮历年捐输态势

结合上一部分对于古田商帮在福州经营范围的认识，图2—9中各帮的捐输金额也反映了各自的经济实力和经营态势。谷黄米帮经济实力最强，在会馆历年的捐输金额中的分量也最重。都县米帮依附之。红糟帮由于经营的商品较为独特，故而经营态势较为平稳，资本也较为充足。焯帮经营的是城市居民的必需品，但是由于薪木成本和利润低微，故该帮的捐款总居于各帮之末。

至于茶帮，由于适逢福州茶市的低谷时期，故而经营态势一路走

① 在表2—3中存在在一个年份缴纳两三个年份捐输总数的情况。在制作示意图时，则将总数平均摊入计算。如谷黄米帮在1904年的捐输额为2188.714两，包含了1901年、1902年和1904年三年度，则这个年度的数额皆为729.571两。

低。不仅如此，1904 年茶帮的捐输额度尚在红粬帮之上，此后则一路下滑，再也没有超过红粬帮。在最后一个年度还被焊帮超过。表 2—3 中，茶帮的捐输额度持续下降且幅度极大，恰恰反映了此时福州茶市的不振和古田茶帮的衰落。

由此，在清末民初这一时期中，福州市场上粮食供不应求，而茶市萧条不振。反映到古田商帮及其会馆建设上，则是米帮财力雄厚，主导会馆营建，而茶帮力不从心，捐款额一路走低，形成鲜明的对比。这也说明了会馆捐输额度的变化是商帮经营状况的反映，而商帮的经营状况则取决于商埠、市场的变动。

但是，如图 2—9 所显示的那样，1913 年度各帮的捐输额皆为十年来的最低谷，走势陡然下降。若是前述的结论成立，这是否可以说明这一年福州市场的尤其萧条？实际上，在海关年度报告中，1913 年的福州市场总体上是平稳的：

> 当本岁岁首时，贸易情形实未见有何光明发展气象……本年早稻收成较歉，而上年出产茶叶囤积，未能消脱者为数尤多。迨七月间，亢旱之象虽曾发现于一时，然未几则时令又转为调和，斯固农产国之中华所最重要原因也。①

虽然 1913 年上半年由于农产品遭遇旱情，福州商业贸易受到一定影响，但随着时令调和，年度贸易额仍然比上年有所增加。不仅对外贸易方面，在国内贸易的年度记载中，如该年度的《福建商业公报》，也没有福州商业陡然萧条的相关记录。实际上，结合古田会馆的历年支出统计来看，1913 年是会馆主体建设的最后一年，1914 年只是购进右侧既有建筑以扩充规模而已。那么，这一年各帮捐输额度大规模减少与商业经营状况无涉，而是会馆建设已告尾声，无须那么多资金而已。

---

① 《中华民国二年福州口华洋贸易情形论略》，载第二历史档案馆、中国海关总署办公厅编《中国旧海关史料》第 62 册，京华出版社 2001 年影印版，第 384 页。

四　结论

综观各行，若以范围区分，可以将古田商帮在福州的经营范围分为两类，有以服务福州城市需要为主的商品，如米和煓；又有以外销为导向的物资，包括红糷和茶叶，具有一定的层次。与徽商、晋商等名扬四海的大商帮相比，古田商帮不过是区区地方性的小商帮。但是，古田商人专心经营特色乡土产品，适应市场需求，在福州市场上具备了一定的影响力，在本县亦形成了若干个专业聚落，如平湖之于红糷、谷口黄田之于粮食等，并以沿江的黄田、谷口等为出口转运点。在此基础之上，古田商帮历时十余年兴修福州古田会馆，至今保存完整，留下了珍贵的近代商业的碑刻资料。

许檀教授近年来利用山陕会馆碑刻对河南重要商业城镇进行了一系列的研究，尤其是通过抽厘这种捐输方式的记录推测商业城镇的商业规模，将计量手段和描述性史料恰如其分地融合在一起，极大地提升了明清商业史的研究水平。① 然而，就现有的山陕会馆碑铭来看，并没有发现有历年连续的收入和支出记录，往往是创建或历次重修、添置的总记录。而较为晚近的福州古田会馆的三通碑刻却提供了这样的信息。根据历年经费支出细目，我们可以归纳出会馆建造所经历的三个阶段；又由于会馆的募资主要采取抽厘的方式，可以从十余个年度的捐输金额变化趋势与相关文献对应，展现古田商帮与清末民初福州城市商业发展的互动关系，丰富我们对于清末民初闽江流域商业发展的认识。但是，捐输额度的多寡，也会受到会馆建设进程的影响，不可简单地将其作为商业经营态势的反映，需要有所辨别。

---

① 许檀：《明清商业城市研究感言：理论、资料与个案》，《清华大学学报》2007 年第5 期。

第 三 章

商帮力量兴替与绥安会馆
运营的关系

　　商业会馆的创建、重修、扩建经过可反映商人群体经济实力的增长过程,[①] 尤其是重修扩建的频率、出资的规模,可以从侧面证明商帮的发展演变历程,也是以往学者关注较多的层面。然而,在会馆运营过程中,还存在商帮内部力量发生更替,以及新的商帮加入等现象,由此可以反映出一些商业制度、社会经济等方面的问题,亦有助于更为全面地认识商人群体的实际发展形态。例如,有学者提出判定商帮形成的标准,可以建立商业会馆作为标志。[②] 这一看法在福州南台的诸多商帮、会馆中并不能得到充分的验证。本章对于福州绥安会馆的个案考察,便是基于上述理由展开。

　　福州的绥安会馆共有两处,皆由来自闽北的建宁商帮创建。一处位于城内郎官巷,建于道光初年;另一处位于南台上杭街,始创于乾隆年间。[③] 两座会馆建筑大体都留存至今,但只有南台绥安会馆的"前后两碑记"收录于民国八年(1919)的《建宁县志》之中,得以窥见该会馆的建造过程、运作方式与清中后期商帮力量兴替的互动关系。

---

　　① 许檀:《商人会馆碑刻资料及其价值》,《天津师范大学学报》2013 年第 3 期。
　　② 包伟民、傅俊:《从"龙游商帮"概念的演进谈学术失范现象》,《福建论坛》2004年第 3 期。
　　③ 民国《建宁县志》卷6《祀典·天后宫》,第 69 页。

一 南台绥安会馆的建造

绥安会馆的创建经历了一段波折。据《建宁县志》载:

> 乾隆年间,米商谢元勋、王尧章、万汉云、赵逢年、徐喈和、钱达言、余益兰、何锡五等构宅为基址,以款绌中止。嘉庆二十四年己卯,邑盐商吴勉怀、朱有光诸人捐资建造。道光十一年辛卯,谢景行、廖柱山、献廷、姜文波、李立侯、何松亭等复捐赀购买宫后山坡,增祀后之先代嗣,复经何松亭、谢履旋、李式轩、崇德、李佑贤诸人改建梳妆楼。①

结合更为详细的碑刻《创修天后宫记》记录可知,绥安会馆的酝酿和集资是在乾隆年间,由米商主持,"以米行所积厘金,就南台之上杭街购宅以为基址给值",初步奠定基础。"后屡欲兴造,始终筹度,卒绌于费而中止者,几数十年"。可见,当时已经购置土地,但缺乏起造会馆建筑费用而一直未能如愿。直至嘉庆年间,万汉云等人"至省见旧买宅尚赁市人,前功未竟,慨然者久之",最终得以捐资建造。会馆动工于嘉庆己卯(二十四年,1816)之秋,落成于次年夏季。"前祀天后,后祀财神,巍峨壮丽,金碧辉煌"。此后继续完善会馆建筑规制,购买后山坡增设后殿,奉祀天后的先代始祖。"宫之成也,至是可称完备矣。"后又"移置后殿,改建梳妆楼,宏敞高峻"。如此一来,会馆的容量进一步扩大,便于更大规模的"同乡宾客之燕会",也使得会馆成为一处观景胜地,供"客游者登临"②。在嘉道之际,绥安会馆的建设最为集中,说明此时建宁商帮的活跃,发展势头良好。较之同时期华北地区山陕会馆

---

① 民国《建宁县志》卷6《祀典·天后宫》,第69页。
② (清)饶景昕:《创修天后宫记》,载民国《建宁县志》卷6《祀典·天后宫》,第69—70页。

建设的资金规模动辄有万两的例子，① 绥安会馆建造为三千多两，稍显薄弱，大体居于中游水平。

建宁商帮能够较为迅速地筹得足够的建设钱款，是基于"彼时建邑米悉由盐船贩运"的情况，"旋更旧章"。即不再单一依靠米行积累的厘金，而是以洋口为据点，"不论米石多寡，按船抽钱二百文"，委托盐馆在装盐之日"按帮扣收"，由米商徐喈和汇集并寄回建宁，"合资生息，经营数载，计获子母三千余金"。此外还得到"醝商吴勉怀、朱有光诸君子慷慨捐赀相助"，从而顺利在福州营建会馆。这一集资方式是由米、盐两帮共同协作实现的。

洋口是闽江上游三大支流之一的富屯溪流域的中心市场，隶属于顺昌县，向上通往邵武、光泽、建宁、泰宁、将乐等县，向下则进入闽江干道通往福州，集中了周遭各县的主要商品。② 凭借良好的交通地理形势，洋口成为闽江上游各商帮贩运的必经之地、商业网络的重要节点，亦为官府所重视。当地设有洋口官运局，为福建盐业"西路总汇大局"，专门负责"催提官商课款，转解省局，查缉官商船私，稽察各帮有无舞弊情事"。还有"官商设立公店，专售民食③。碑文所谓的"盐馆"，当为盐商贩运、售卖的"公店"。如闽江口的亭头、琯头，各有一处盐馆，便是由"连（连江县）罗（罗源县）盐帮分设"④。此类贸易机构为官府所扶持，专门售卖食盐等垄断商品，在基层社会和商人群体中具有一定威望。

米业抽取厘金无力继续营建会馆的原因，很大程度上在于粮食的运输环节。建宁米粮由盐船运往闽江下游发售。据一份调查称，"由省城至邵武九百余里间，运米下游，运盐上游"，多依赖麻雀船

---

① 道光年间，河南周口山陕会馆对各商号抽厘额达到 10291.77 两之多。参见许檀《清代河南的商业重镇周口》，《中国史研究》2003 年第 2 期。而佛山山陕会馆重修费用共达到 18049 两。参见范金民《身在他乡不是客——清代商人会馆的功能》，《寻根》2007 年第 6 期。

② 东亚同文会编：《支那省别全志·福建省》，1918 年，第 858 页。

③ 佚名：《调查闽省盐务纪略》，《国家图书馆藏清代税收税务档案史料汇编》，全国图书馆文献缩微复制中心 2008 年影印版，第 6 册，第 2761—2762 页。

④ （清）郑祖庚：《闽县乡土志·地形略·琯江区》，第 561 页。

运输。此类船只"运量由十担至四五百担不等，常联合十数艘群行"[1]。由于载货量存在较大差别，按照货物多少抽取厘金的方式较为烦琐，不利于迅速汇集资金；不分货物数量，仅按照船只数量收取钱款，较为简单易行。同时，借助盐务机构的权威，可有效地收取钱款，此后再由米商汇集、生息，盐米两业商人进行了充分的合作。这些举措，都展现出集资的效率和公平，从而使得绥安会馆顺利建成。

二　米商到盐商：建宁商帮主导力量的兴替

嘉庆二十五年绥安会馆建成后，"米商稀少，一切神宫缮葺、岁时享祀之费，悉醵商主之"。盐商一跃成为福州建宁商帮的主导力量。这一转变过程，并非建宁米业走向衰弱，而是行业重整的结果。

清代中叶，福建食盐运销经过多次调整，乾隆七年（1742）实行招商行盐法。[2] 尽管此后改为官运的县份逐渐增加，但到道光年间，建宁县仍施行商运法。乾隆三十年，针对"闽省各帮县商人行运盐觔，卖收盐价，不敷成本"的情况，曾提出每觔加增一文，"以赢商利"，但光泽、建宁、邵武三帮若按照全省规定加增，则"势必额引壅滞"，将加价改为"给卤耗"[3]。建宁等地食盐运销方式具有一定特殊性，而且为了确保整体盐运的顺畅，还采取与福建其他地区不同的补贴方式。通过这个细节可以反映出建宁等西路盐帮在清代福建盐业运输、销售的重要地位。直至民国初年，官方文件中还认为闽江"上

①　陈文涛编：《福建近代民生地理志》，福州远东书局1929年版，第138页。

②　叶锦花：《雍正、乾隆年间福建食盐运销制度变革研究》，《四川理工学院学报》2013年第3期。

③　道光《福建盐法志》卷13《配运·光建邵三帮增价该给卤耗》，载于浩辑《稀见明清经济史料丛刊》第1辑，国家图书馆出版社2008年影印版，第30册，第367—368页。

游西溪各县为全省盐务菁华荟萃之区"①。

在运输环节上，米业与盐业似乎一直存在密切关系。福州城市一直依赖外埠粮食供应，市场上销售的大米中，闽江上游出产的被称为"溪米"，建宁之米便包含其中。民国初年福建盐运官署如此描述道："本署于洋口设局，实为西溪转运之咽喉，由省运盐到洋，复由洋盘浅运往各县，上水装盐，下水装米，历经照办无异……查盐船回空装米下驶，原系数百年之习惯，且亦各船户生计之问题。"② 据其所述，米盐往来是福州与闽江上游各府县间长期形成的水路输送惯例，也是船户最大限度维持经济收益的手段。在这样的运输过程中，米商与盐商较为容易形成合作关系。

随着食盐运销的发展，其利润超过其他行业，便出现了米商主动转入盐业的情况。在《创修天后宫记》中就提及万汉云是最早参与会馆建设的米商之一，到了嘉庆年间，则摇身一变，"为朱家督磋务"，成为盐帮一员。不仅如此，还有木商也转入盐业。如吴盛英，"字文贞，嘉庆间为木商……后文贞以盐务起家"③。这些商人转业的例子都发生于嘉庆年间，与碑刻提及的会馆建成时间大体一致，说明此时"米商稀少"主要指的是以米业为主业的商人日渐减少，并非粮食市场衰败。这一现象是建宁商帮适应市场发展、自我转型的结果。

根据碑刻提示，"甲辰、乙巳之后，接办分承，旧商日少，新商渐多"，即道光二十四、二十五年间（1844—1845），建宁盐帮发生了新旧更替。就整体局势而言，当时处于"道光萧条"阶段，多数盐商因为白银危机而贫困化，至1849年已有十余家倒闭。④ 然而，建宁帮的人数竟增加不少，会馆一度到了"隘不能容"的地步，由此进行

① 《福建公报》第386号"公文·福建盐运使函·民政长请饬北路观察使暨光泽、建宁两知事设法疏通米禁以顾民食而维盐纲由"，1913年4月15日。

② 同上。

③ 民国《建宁县志》卷17《质行》，第180页。

④ 彭泽益：《十九世纪后半期的中国财政与经济》，中国人民大学出版社2010年版，第35页。林满红：《银线：十九世纪的世界与中国》，江苏人民出版社2011年版，第120—121页。

了扩建。似乎在这场全国性的危机中，建宁盐帮并没有受到什么影响，新旧更替之后，总体规模还有所扩大。其原因可以通过何松亭的个案窥得一二。

根据《建宁县志》的叙述和收录碑文的记载，道光年间，何松亭在南台绥安会馆的两次扩建中均有参与。同时，何桂芳则是城内绥安会馆的创始人之一。县志中关于何姓盐商的传记有几篇，居地皆为城西积善里。其中一位名为何懋龙，字桂芳，号松亭，以大力资助建宁县城墙、联云桥重修以及宾兴费用等善行载入县志，① 也是县志盐商传记中记录最为详细的一位。结合字、号以及活动的年代推测，城、台绥安会馆建设题名中的何松亭或何桂芳可能是同一人。

官府记录的盐商名号，未必是本人亲自打理盐务，往往聘请熟悉业务的专人进行管理。例如，万汉云作为米商出身，熟悉闽江上游的商务，故而为朱姓盐商督理事务。其倡导的会馆建设在资金筹集后期，便有朱有光等盐商捐款相助。可见，盐商与代理人之间存在密切的合作关系。何氏产业的保存，便有赖于两位代理人的协助。一位是李文耀，"盐商何懋龙尤器重之，延襄家政，耀亦竭尽心力为之维持。咸同间，屡遭兵燹，何以盐务旅会城，其眷属居里门者大小十数口，财产十余万，均获保全，耀之力也"② 。另一位是徐梦兰，"年十六弃儒就贾，佐何松亭理邵武、泰（宁）、建（宁）、万全（属将乐县）盐务者三十余年。咸丰间，粤寇扰上游，馆友云散，兰不避艰险，克保全帮，继而松亭病革，嘱兰自理帮务，兰毅然不受，为代理如故。后松配聂夫人以年老归乡，举全帮畀之，兰乃权为三年，总计帮本有赢无绌，迨松亭子孙长成，复全帮以归之何姓，自是义声播远近焉"③ 。从这些传记来看，何氏垄断了闽江上游多个县份的盐务，资产庞大，又有若干能人协助，经历了太平天国战争后依旧保持着良好的经营状态，生意日盛。

---

①　民国《建宁县志》卷17《质行》，第181页。
②　同上书，第186页。
③　民国《建宁县志》卷17《质行》，第181页。

积善里何氏家族还有多人世袭盐业的记载。比如，何光禧"世理盐务"①，何学峻，"世业盐筴，自邑达省千里，凡周济诸善举，皆乐勇为之"②，等等。居地、姓氏以及"世业"等信息都提示我们，何姓盐商的发展与地方乡族力量相伴相依，具有"族商"的特点。③ 何氏世业盐务的重要标志，还在于官府登记的建宁盐帮名录中，何姓直至清末民国时期仍然存在。

道光十年的《福建盐法志》记载各地盐商 35 人，其中，建宁、邵武、光泽、泰宁一带的盐商为 15 人，占总数的 43%。④ 这说明道光初期的邵、建一带的盐商力量较为兴盛。而这 15 人中，仅有以籍贯为邵武府建宁县，其余皆为福州府闽县和侯官县。综观其余府县盐商，皆籍隶福州府。前述何松亭长期在福州办理盐务，家政主要依赖李文耀主持，或许表明包括何姓在内不少盐商都在福州入籍，但仍保持着与同乡的社会网络。⑤ 到了清末，盐商格局又有了较大的变化（见表 2—4）。

表 2—4 　　　　　光泽、邵武、建宁、泰宁四县盐商的变动

县份	道光商籍名	宣统、民初商籍名
光泽	丁长晖、何桂芳、萨顺信、王阜安、林万裕、吴顺源、王长丰、陈和春、卢谦益、陈有容、何荣恩	何桂芳、魏万全、郭成亨、龚承绍、萨协成
邵武	丁长晖、何桂芳、萨顺信、王阜安、林万裕、吴顺源、王长丰、陈和春、卢谦益、陈有容、何荣恩	何桂芳、魏万全、郭成亨、龚承绍、萨协成

① 同上书，第 186 页。
② 民国《建宁县志》卷 18《方伎》，第 181 页。
③ 陈支平：《明清族商研究的倡言与思考》，《厦门大学学报》2009 年第 4 期。
④ 道光《福建盐法志》卷 8《职官·商籍》，第 141—147 页。
⑤ 对于道光《福建盐法志》中所记载的 35 个商籍中有 34 个属于福州府闽县和侯官县之现象，前引叶锦花《雍正、乾隆年间福建食盐运销制度变革研究》一文认为是两县商人"垄断了福建省实行商运制度的各府州县的盐利，商运各县地方官府和地方居民都难以分享盐利"。笔者对此有不同理解。

续表

县份	道光商籍名	宣统、民初商籍名
建宁	吴顺茂、陈有容、葛种义、朱绍光、姜启祥、何荣恩	萨协成、何光升、黄晋丰、杜春辉
泰宁	吴顺茂、陈有容、葛种义、朱绍光、姜启祥、何荣恩	萨协成、何光升、黄晋丰、杜春辉

表2—4根据《福建盐法志》和"闽省西路官商票运担数暨课耗厘加价数目一览表"统计出闽北四县盐商的变化情况。① 从道光朝到清末，似乎只有邵武帮和光泽帮的"何桂芳"没有发生变动，其他商人的姓名变化更替明显。没有发生姓氏变动的是光泽、邵武的萨氏和建宁、泰宁的何姓，两者在销盐地域上都有一定的扩展。从"何荣恩"到"何光升"，行盐范围从光泽、邵武退出，但同时又扩展到顺昌、将乐等县。这一何姓的经销范围，与县志提及的何松亭经营涵盖邵武、建宁、泰宁、将乐等县的情况颇为吻合。萨姓则从光、邵两县继续扩展到建宁、泰宁及南平等县。会馆碑文提及的朱、吴、姜、李、谢、廖等姓，部分与道光商籍登记相吻合，其中一些可能属于替东家"督醝务"之人。总体而言，经历道光年间由"接办分承"而"兴替靡常"而导致的"旧商日少，新商渐多"，以及各种战乱、同治四年（1865）福建改票盐法等改革，盐商数量有所减少而且更替面较广，但仍有一部分盐商顽强生存下来，实现了"世理盐务"。

盐帮兴替无常的原因很多，其中就包括代理人乘机对东家产业取而代之。前述徐梦兰在何松亭去世后依旧保持代理人的身份，在何氏后代成年后物归原主，在当时这种普遍环境下，可能并不多见，故而能被地方志纳入"质行"事迹。由此反观何氏，能够在并不稳定的经营环境下保持对绥安会馆的主导权，社会网络和经营才能发挥了重要作用。

---

① 《国家图书馆藏清代税收税务档案史料汇编》第6册，第2781页。

三 邵武商帮的加入与会馆规制的调整

经历了内部商帮力量的兴替之后，晚清绥安会馆又接纳了来自外部的新商帮。光绪三年（1877），邵武商帮加入绥安会馆。根据次年《新附绥安会馆碑记》的记录，原因有两个：其一，"邵武为建之同郡"。陈宝良认为，会馆的"同乡"概念较为广泛，其中"同郡异邑"即同府不同县之人加入会馆的情况值得关注。① 邵武县与建宁县在行政区划上同属于邵武府，具有地域认同，较易为建宁商帮所接受。其二，邵武籍的纸、木、茶、笋等帮，通过长途贩运，经由福州南台口岸转运天津等地，"生计日隆"，"思有以报答天后鸿慈，图建会馆"。但"艰于得善所而因之未逮也"，尚未寻觅到合适的会馆地址。

邵武商帮经营的商品，以纸、木、茶、笋等土特产为大宗，属于典型的闽北山区产品。邵武所产之纸，在制作工艺上是福建各县中的"上选"，而且规模庞大。据调查，全县有超过一百个村落从事生产。② 毛边等纸，每年出口量"在六千担以上，利息甚厚"③。由此邵武当地形成了一批纸商家族，如和平镇的廖氏家族，"同治癸亥（1863）春，（廖德来）始命次子传琼运纸赴天津，三子传珍每年赴闽省转运，因而顺遂殷实"④。其贸易方向便是经由福州转运至天津，与碑文记载一致。至于茶、笋、菇等，"往昔均为达官贵人馈赠之仪"⑤，消费对象属于社会上流。可见，邵武商帮具备了一定的财力，处于发展上升期。其中，纸帮力量应最为突出，故而

① 陈宝良：《中国的社与会》（增订本），中国人民大学出版社 2011 年版，第 240 页。

② 林存和编：《福建之纸》，（永安）福建省政府统计处 1941 年版，第 19、26 页。

③ 民国《重修邵武县志》卷 18《实业》，《中国地方志集成·福建府县志辑》，上海书店出版社 2000 年影印版，第 10 册，第 924 页。

④ 《（邵武和平镇）樵南敦叙廖氏家谱》卷 8《诰封奉直大夫岐山府君墓志铭》，1942 年刻本，第 11 页。此条史料是西南大学中国乡村建设学院李军博士实地考察所得，承蒙惠示，谨致谢忱。

⑤ 福建省工商品展览筹备委员会宣传股编：《福建省工商品展览会特刊》，1941 年油印版。

"邵邑纸帮公捐赀番三千员，归入馆中置产生息，以助香灯修葺之需，日后勿得分持别用，以重公帑"，即一次性缴纳附入会馆的费用。

在附入绥安会馆之前，我们还能发现邵武商帮在福州南台活动的记录。据"闽中两浙木商"刊印的《天后圣母圣迹图志》载，"同治乙丑（同治四年，1865），武彝潘、邱二氏复经翻刻，板存闽中建邵会馆"①。翻刻书籍的潘、邱两人籍贯为崇安县（今武夷山市），隶属于建宁府。所谓的建邵会馆，当为建宁府商人于康熙年间设立的、位于今延平路的建郡会馆。② 这一线索表明，至迟在同治年间，邵武商人已与建宁府商人联合运营会馆。到了光绪初年，邵武帮又以地域认同和天后信仰为由，附入本府建宁县商人的绥安会馆。在1934年出版的《福州旅行指南》中，则出现了邵武会馆的记录，位于灯柱街。③ 将这几个片段联系起来，可以看到邵武商帮在很长一段时间都是依附于其他商帮的会馆之内，较为晚近才单独设置了本乡会馆。

此类情况并不少见。如，赴福州贸易的寿宁商人主要寄住在同为福宁府的福安会馆内。但这种依附关系时常引发双方的矛盾。据传说，光绪年间寿宁龚姓茶商半夜敲门投宿，被福安会馆门人训斥，因而发誓要"叫寿宁人再不来敲你福安馆的门"，从此创立寿宁会馆。④ 能够独立设置会馆，需要有多种条件。其一，商帮需要具备相当的财力。许檀归纳了会馆的修建成本的趋势是：明代或清初集资规模是一二百两，雍正、乾隆时期修建开支上升到千两级，嘉道年间超过万两的例子更多。⑤ 绥安会馆创建时就需要数

---

① 《天后圣母圣迹图志》，福州安澜会馆1870年刻本，浙江省图书馆藏，书号：G000681。

② 《1946年5月福州市警察局小桥分局双杭所辖内会馆公业调查表》，福州市档案馆藏，档号：901-12-124。

③ 郑拔驾编：《福州旅行指南》，商务印书馆1934年版，第120页。

④ 龚书元：《福州南台的寿宁会馆》，载《寿宁文史资料》第4辑，内部出版，1990年，第99页。

⑤ 许檀：《商人会馆碑刻资料及其价值》，《天津师范大学学报》2013年第3期。

千两，晚清时期需要的钱款更多。如，此时古田会馆的营建就耗费18889两之多，募集十余年才得以实现，而且建筑面积在南台诸会馆中属于偏小的。① 因此，会馆之于小型商帮而言，或许属于奢侈品。其二，作为彰显商帮力量的建筑，会馆选址需要"适中宽广之地"。宣统朝设置谘议局时就难以寻觅合适的建筑地址，"城内所有适中宽广之地，非搆造会馆，即建立祠堂，加以创办大中小各学堂，故地址已被购尽。虽屡经委派专员赴勘基址，迄未勘定"②。城内已难以立足，城外的南台也是会馆、神庙林立，后起的商帮未必能够轻易寻到合适的基址，而这也是邵武帮附入绥安会馆的一个理由。

随着新的商帮加入，绥安会馆的运作方式也随之做出一定调整，新增规约十条，主要涵盖以下四个方面。

第一，会馆设置"董事"负责主要事务。"会馆董事新设，由两邑延请公正长者主持，以资综理事务"；"会馆事宜，悉凭董事主裁，以端责成而归画一"。这体现了两地商帮的合作运营。

第二，邵武商帮加入会馆的经费及其使用、管理方式。一方面，"援建邑醝米帮例，所有邵邑至省各项生意，永远按抽厘金，悉充会馆经费"，是为常规的经费贴补。而抽取厘金，也意味着营业额的公开。另一方面，"按年无论丰歉，均应随时缴归董事管理，以免纷歧"。另外，"殿宇宏敞，遇有修理之时，邵邑各帮均宜协力捐助，以垂久远"，属于临时性的开支规定。

第三，会馆祭祀，两帮分别进行。"馆每逢新正、开堂、元宵、圣诞、谢年，建邑原言定期，邵邑宜另择吉以展诚敬"。将会馆视为"敬神之所"，因而"旧章凡有同乡客商到省，不得任意寓处并寄储货物，以昭肃静"。许多商业会馆专门设置旅社，供同乡居住。如福安会馆，"乾隆以来，邑商叠购翁晋夫、许光礼等房屋十余座，中祀天后，旁为邑人客闽者旅馆。"同治年间重修后，"另购房屋两座，为

① 黄忠鑫：《清末民初福州的古田商帮——以福州古田会馆碑刻为中心的考察》，《中国经济史研究》2012年第1期。

② 《闽谘议局无款建筑》，《申报》1919年1月10日。

负担者寓所"①。祭祀天后与客商寄居并行不悖。但福州城内的两广会馆也有类似禁止寄居的规定，其理由是"恐此例一开，势必各欲借居，渐启争端，不成事体"②。绥安会馆以天后崇祀为由，可能也是出于维护内部关系之目的。

第四，会馆不得更名，"将来修整堂宇，应照原额，永远颜为绥安会馆，以守旧规而重根本"，并在光绪四年"敬上匾额，会集同人，以志盛举"。

就第一、第二点而言，由两地人士共同主持会馆，共同采取抽厘的方式维护会馆日常运作，从表面上看还是较为公平的。可是第三、第四点则充满会馆由建宁商帮主导的意味。尽管邵武商帮采取同等捐输方式，也缴纳了数额不菲的附入费用，会馆却不会因此而改名，仍以建宁古称为名。会馆作为祭祀场所，建宁商帮保持已有的祭拜日期，不与邵武帮同时祭拜。其中诸如天后诞辰、元宵节等都有固定日期，却要求邵武帮另外择期。这两个方面都显示建宁帮接纳邵武帮加入会馆的同时，始终希望他们保持依附地位，而不愿意会馆主导权旁落。

保持戒备是有道理的。据口述回忆，1930年时邵武商帮就以"共建共有"的名义，企图更换馆名匾额，引发诉讼。因当时邵武帮财势雄厚，在福建法庭的初审和二审占据优势。最后诉诸南京国民政府的最高法院，时任刑事庭科长、建宁人丁德立依据原先两帮的议约，将会馆判还建宁。③此后出现在福州灯柱街（大庙路）的邵武会馆，应该就是此次诉讼之后的结果：邵武商帮从绥安会馆退出，单独成立本乡会馆。该会馆现已不存。但根据20世纪40年代的调查，该馆容纳人数只有50人，是所有会馆中最小的，当时也已经改为布

---

① 光绪《福安县志》卷17《公署·会馆》，《中国方志丛书》华南地方第78号，成文出版社1967年影印版，第173页。
② 《两广会馆纪略》卷上《馆规》，第17页。
③ 聂德仁：《丁德立与绥安会馆》，载《建宁文史资料》第13辑，内部出版，1995年，第138页。

局,① 说明其实际使用的时限并不长。

四　结语

如果以会馆建设先后考量商帮力量的强弱,那么,皆出于闽北山区的建宁和邵武两个商帮便是十分清晰的对照。会馆碑文中详细记录的各种经营行业,在贸易方向和类型上都各不相同,使得商帮资本规模也有较大差异,这在相当程度上决定了会馆建设的进程。

建宁商帮经营的商品,最初贩运本县物产,如木材、米粮。随着盐业制度的变革,许多米商转而从事食盐交易,该县商帮开始以盐商为主体。此前,绥安会馆在米商主持下,建设一直停滞不前。盐商群体形成、接手之后,则很快建成。嘉庆、道光时,是会馆建设最为频繁的时期,也是建宁盐商发展最为兴盛的阶段。在晚清并不稳定的局势下,盐商依赖乡族、代理人等社会网络,发挥经营能力,谋求生存和发展,主导了会馆的运营。

会馆碑文也让我们看到了邵武商帮在福州经营活动的片段。后起的邵武商帮,同样以贩卖乡土产品起家,但纸、茶等商品的对外出口贸易特征更为明显,资本积累在不断加强。在商人群体已经具有相当规模的情况下,他们也谋求着在福州建立一处固定的商业基地。而附人寄居的策略,恰好说明了商帮形成与会馆建设并非同步。

---

① 《1946 年 5 月福州市警察局小桥分局双杭所辖内会馆公业调查表》,福州市档案馆藏,档号: 901 - 12 - 124。

第 四 章

两浙木商与福州木材市场
秩序的构建

一　闽浙间的木材贸易与会馆营建

清代浙江木材集散中心，主要是杭州和乍浦。[1] 杭州的木材来自皖南、浙西山区，通过新安江—富春江—钱塘江连接；而乍浦、宁波一带的木材市场，则依赖海运，其来源地主要是福建。福州台江两岸作为福建最重要的木材输出枢纽，[2] 汇集了闽江上游的巨量木材。从福州到乍浦、宁波，构成了清代闽浙间木材运输的两个终端，吸引了大批贸易商人。这些木商人群，可按照省籍分为福建和浙江两类。

明代后期，福建上四府（即闽西北的建宁、延平、邵武、汀州四府）的商人就有贩运木材通过福州运至宁波的记录。他们"将木沿溪放至洪塘、南台、宁波等外发卖"[3]。洪塘和南台，就是福州闽江沿岸的两个重要港埠。直到清代康熙朝时，乍浦的福建木商依然有较大的势力，时人的《三山会馆记》载，"闽省之贸迁于乍城者不一事，而

---

① 范金民：《明清江南商业的发展》，南京大学出版社1998年版，第171页。

② 据晚清郑祖庚的《闽县乡土志·商务杂述四·输出货》："八闽物产，以茶、木、纸为大宗，皆非产自福州也。然巨商大贾，其营运所集，必以福州为的。故出南门数里，则转移之众已肩属于道。江潮一涨，其待输运之舰帆樯尤林立焉。"（第689页）

③ （明）计六奇：《明季北略》卷5《张延登请申海禁》，中华书局1984年标点版，第103页。

业杉者十居二三"①。这也说明了此时仍有大批福建木商往返于闽浙航线，并在浙江营建会馆，形成"商业基地"。

有研究表明，明清以降，赴闽贩运木材的外省商人来源逐渐由徽商转变为浙江商人。与徽商深入山区采办不同，浙江木客主要在集散地和口岸集中收购。② 是故，浙江木商在闽浙间木材贸易中的地位日益提升。同样以会馆建设为标志，浙江木商在福州创建了两所会馆，分别是安澜会馆（位于万寿桥头、天宁山北麓，图2—10）和浙船会馆（位于泛船浦，民国时又被称为"浙绍会馆"③）。据同治九年（1870）《天后圣母圣迹图志》所载蛟川周巨涟的《重刊圣迹图志序》称，"吾浙僻处海陬，航海为业者多，故咸知敬信天后，所在立庙以祀。今闽中南台天安山之麓有安澜会馆，番船浦有浙船会馆，俗所称上、下北馆者是然"④。从名称来看，前者应是以木材采买商为主体兴建的馆舍，后者主要是以木材运输商为联合与服务的对象。

图2—10　晚清老照片中依稀可见"安澜"二字会馆照墙

---

① （清）余正健：《三山会馆记》，载道光《乍浦备志》卷20《祠祀》，《中国地方志集成·乡镇志专辑》，上海书店出版社1992年版，第20册，第301页。

② 戴一峰：《试论明清时期福建林业经济》，《中国农史》1991年第4期。

③ 郑拔驾：《福州旅行指南》第4编《官署及公共事业·各地会馆》，第119页。

④ 《天后圣母圣迹图志》，福州安澜会馆1870年刻本。

《天后圣母圣迹图志》"按语"又称,"咸丰丁巳,乍川陈氏立愿重梓其板,旋遭兵燹。同治乙丑,武彝潘、邱二氏复经翻刻,板存闽中建邵会馆。今同人以刷印未便,谋为重刊。先属孙孝廉承谟参阅并增入金、柳二将军封号奏厅及汪委员灵应记,兹复为编次删定,因序而付之梓"。又据一通嘉庆十年(1805)元月福建巡抚费淳所撰的《安澜会馆碑记》记载,安澜会馆的主要创建者是"慈溪水声远,海宁冯琅函,而慈溪黄巨源,菫邑沈登山与齐力焉"①。从参与会馆建设和刊刻《天后圣母圣迹图志》的相关人员所属县份来看,两浙木商的基本构成当以浙东宁波府的鄞县(即菫邑)、慈溪、镇海(即蛟川)和浙西嘉兴府的乍浦(即乍川)、杭州府海宁等地人群为主。

据碑记载,安澜会馆始倡建于乾隆三十八年(1773),正式兴建则是在乾隆四十年,三年之后建造完毕。"吾浙与闽省连疆,而材木之用,半取给于闽。每岁乡人(即两浙木商)以海舶载木出五虎门,由海道转运者,遍于两浙。故台江之中洲,吾乡人之为木商者咸集焉。"从事闽浙木材贸易的商人日益增多,遂有兴建会馆之举。浙船会馆的始建年代不详,也应在清代前中期。对比会馆的建设时间和形态可推知,浙江木商形成较大规模,或略晚于福建木商,但其分工更为细致。

至于会馆的规制,《安澜会馆碑记》有较为详细的记录:"大门三楹,额以'安澜',志海靖也。前为大殿,祀天后圣母,苍灵贶也。后巨山之崇,拾级为楼,左右翼然,待藏事也。门外墙屹然,双旗高矗,肃观瞻也。其夹室若庖、若湢、若寝毕备,巨丽宏回。"由于会馆依山临江,设施完整,登高远眺,可以望见"隔江烟火,万家富庶",感受南台繁华的商贸风情;退居馆内,则有较好的住宿、会客条件,可与同乡"留连款洽,觉桑梓可亲,益为之畅然"。另外,馆舍西侧还有纪念闽浙总督孙尔准的祠堂,亦为两浙木商所建。

---

① 该碑现存福州于山碑廊。关于该碑记的相关研究,主要有李伯重《明清时期江南地区的木材问题》(《中国社会经济史研究》1986年第1期)、戴一峰《试论明清时期福建林业经济》(《中国农史》1991年第4期)等。

会馆内祀奉的主神为天后妈祖。这是从事航海贸易人群共同祭拜的神灵。两浙木商积极刊刻《天后圣母圣迹图志》，亦出于会馆祭祀并随行携带，祈求旅途平安的目的。他们对妈祖的崇祀，还体现在对其他神庙的捐助上。万寿水部尚书庙的天后宫捐款题名碑刻中，就留有两浙木商捐番四十元的记录。① 尽管金额不多，但通过对比可以发现，该庙主神水部尚书陈文龙"实与天上圣母同为海国舟航之利"，得到了不少店铺行栈、各地商帮会馆，乃至琉球使节的捐助，却始终没有见到浙江木商的捐资记录。晚清传教士的记录中也提到，"妈祖庙很多，宁波商人在南台捐建的那一座最大最豪华"②。这些都反映了两浙木商对妈祖的笃信。

图2—11　福州浙船会馆遗存碑刻

图片来源：2012 年 7 月 30 日笔者摄。

---

　　① "大上圣母"碑，现存于福州市台江区三通路的万寿水部尚书庙。该庙共留存清代至民国的碑刻十余通，在区域社会经济史、中琉关系史等领域具有重要的史料价值。
　　② ［美］卢公明：《中国人的社会生活：一个美国传教士的晚清福州见闻录》，陈泽平译，第140页。

除了妈祖信仰之外，两浙木商还兴建了清凉寺，又名浙船禅院，为浙船会馆的附属建筑。如今，浙船会馆已经被完全拆毁，规制无考，仅留存清凉寺。但在寺外尚立有三通碑刻，皆题为"两浙木商奉镌公立"，当为浙船会馆碑刻遗存（见图2—11）。以下试对其进行解读，以期对清代浙江木商和福州木材市场流通秩序之研究提供一些新素材、新认识。

二　碑刻所见福州木材市场的若干规例

浙船会馆现存的三通碑刻，皆为禁示、告示碑，分别是乾隆五十一年（1786）海船奸牙玩禁欺天案（以下简称"奸牙碑"）、嘉庆七年（1802）水手聚众截船勒索案（简称"截船碑"）和道光六年（1826）闽海关恤商免税告示（简称"免税碑"）。三通碑刻的内容都是关于海船贩运木材，竖立于浙船会馆，彰显了该会馆为维护浙江船商利益所起的作用。同时，这些碑刻又是不同时期商事纠纷的处理结果，记录了清代福州木材市场若干规则和税例，具有重要史料价值。

浙江商人来闽购买木材，通常雇用浙江船贩运。但福州海船牙、船行勾结海关差役（差丁），以其没有供纳相关税收而进行阻扰。经过官府的审断，竖立"奸牙碑"禁革这一弊端，其碑文如下：

> 署福州府闽县正堂加五级记录十次秦，为玩禁欺天等事。乾隆五十一年九月初十日，奉镇守福州将军兼管闽海关署总督部堂常令牌，本年九月初六日，据南台派员苏禀，称木商王同昌等具禀，昌等坐闽贩运木植，□□原籍，长年雇写船只，先给水脚银两，来闽装运，历久无异。乃海船牙黄万瑞，涎羶仲利，计图若附，于前月会奉温处道宪□□□□□□□三日，串差砌封昌籍雇浙船戴大有，乃奸牙弊利，在行揽载多船，庇匿不封，而指封隔省远雇北船，唆差混扰。复于十八日呈禀关主，奉批，准饬各行保另觅□船，仍候详明府宪等谕。讵瑞等挟无北船，县批未干，于二十七日复串差丁，勒封籍雇浙船沈万丰，迫以□宪混封□诡□出等事呈禀。乃奸牙不串不休，籍贿差丁，押令自认，极以玩

禁欺天等事，叩关申详。督宪俯念异商自雇自运，恩准檄此□封。奉查四十二年间，经前藩宪饬，据福州府署、福防同知徐议覆，颁行示禁，不得混封勒运，一经告发，详究等因，转详前督宪钟批，□咨会前管关将军永檄发省例，饬遵在案。惟是南口木植，全籍〔藉〕浙江船只装运，庶于本关日征税课无碍，况木商进口空船，悉由乍浦、宁波先给水脚船价，来闽装载，向无闽省封载军工料物之例。据此，合再出示申明例禁，为此示仰差丁、船行人等知悉。嗣后木商自雇来闽之船至，不得混封，有亏国课，致干查究等因，奉此，并据浙商王同昌等具禀到县，除出示外，报明镇闽将军署总督部堂常勒石永禁，以垂不朽，特示。

大清乾隆五十一年九月浙江木商奉镌公立

"自雇自运"是乍浦、宁波等地两浙木商来闽贩木的基本原则。同时，福州南台汇集的闽江上游巨量木材，"全籍〔藉〕浙江船只装运"，是当地木材贸易流通的重要动力。道光二十二年（1842）福州将军兼闽海关监督保昌的奏折称，闽海关税源"全恃商船装载木植杂货，在于宁波等处互相贸易"[1]。因此，浙江木商对闽海关的意义是不言而喻的，浙江船不在闽海关收取的梁头船税之列，属于官府制定的优惠条件。但对于福州海船牙而言，则失去了揽纳生意的机会，"计图若附"不成之后，在乾隆四十二年（1777）和五十一年（1786）先后发生多次"混封"事件。两造各执一词，海船牙认为"隔省远雇北船"，不符合福州当地的贸易运输规则，而木商认为在原籍雇用海船（即"籍雇"）是惯例，且海船牙自身"揽载多船，庇匿不封"，存在严重的弊端，却一再干涉浙商的木材运输。经过闽海关及闽浙总督、海防同知、闽县等各级官府的处理，先后以确立省例和勒碑立石的形式强调了浙江船对闽海关"日征税课无碍"以及"向无闽省封载军工料物之例"的事实，维护了浙江木商的基本权益。

木商分别在闽海关和浙海关缴纳出口税和梁头税，在《乍浦备

---

① 倪玉平：《清朝嘉道关税研究》，北京师范大学出版社2010年版，第135页。

志》中也有反映："（木材）来自福建者什九……来自福建者多佳……福省南台镇为木植凑集总所，乍浦木商逐号倩人坐庄彼处，陆续置办……俟夏秋，两帮（乍浦帮和宁德福安帮）雇船装载，先于彼处输税出口，抵乍上塘，复经过塘木行，赴本处税口报船输税。"① 木商在两处海关输税的标准和情况，并没有文献明确记载。道光六年的"免税碑"则提供了闽海关对贩木船征税的关键线索。

> 兵部尚书兼都察院右都御史、总督福建浙江等处地方□务兼理粮饷盐课兼署闽海关印务孙，为查案晓示事。据浙江木商葛恒益等呈称，切益等籍均浙□，在闽置买木植，迄今百有余年，凡事率由旧章。缘装运木植之船，内用松扛横装作架，蒙前军宪念系犹如荷肩扁挑，与船上之杠棋无异，横装作扛□□□船准免八根，装出带入，均免征税；其松扛直装作架，并用松板、杉木横装作扛，均属输税，历久遵循在案。缘□□闽安口司串通勒索留难，重铁大船，势险滩急，诚恐不虞，佥叩察核旧案，批示遵行等情。当经本部堂批，仰南台口委员确查去后，兹据南台口禀覆抄呈乾隆四十一年间元月廿八日告示，准其免税八根。查现在船只大号稀少，惟有中号之船装运木植，未便一例免征，有亏国课。既据该商等佥呈，嗣后凡运木船只，如用松扛作架者，装出带入，本部堂酌定均免六根税银于卫课之中，仍为恤商之道，除严饬该口弁役照例验征，不得滥□，致干察究外，合行出示晓谕，为此示仰关属商行船户人等知悉，嗣后整装木植，除准免六根外，务须据寔输税，不得餙混干咎。验船弁役倘敢违谕勒索，察出定行严究，断不始宽。各宜凛遵毋违，特示。
>
> 大清道光六年二月十四日给 两浙木商奉镌公立

闽海关设立于康熙二十三年（1684），通常以福州将军兼理海关

---

① 道光《乍浦备志》卷6《关梁·海关税口》，《中国地方志集成·乡镇志专辑》，江苏古籍出版社1992年影印版，第20册，第148—149页。

监督，专用满人，① 但有时又以闽浙总督兼署印务（如嘉庆十六年闽浙总督阿林保兼署闽海关印务）。道光六年（1826），孙尔准即兼署闽海关印务一职。他在任期间曾对两浙木商予以特别关照，故安澜会馆西侧尚存孙文靖公祠，还留有"福建清故太子太师闽浙总督孙文靖公祠碑记"一通，记载孙尔准在闽期间的各项功绩，其中便提及他鼓励浙商赴闽贩运木材的举措。② 只是，碑文的记录较为简略，而目前所见的孙尔准奏折亦未收录相关内容。③ 那么，"免税碑"的内容便显得较为珍贵。

闽海关收取的商税，有相当于一部分用于地方"卫课"支出。乾隆五十六年（1791），"闽海关盈余税银，嗣后不必解部，即著留于福建藩库，以备支放兵饷之用。至各省内如有似此地丁银两不敷支放兵饷者，其有关税省分应解税银，亦著照此办理"④。可见，此时海关税银是作为补充田赋，支撑地方军队开支的重要财源，划入地方财政的范畴。由于木材税收在海关税银中占有重要比例，故碑文径称木材税用于"卫课"。所谓的"福防所之商税，又全藉木料以充数也"⑤，也是同样的含义。正因为如此，福州地方官府与两浙木商有着紧密的利益关系。

清代各海关征收货物进出口税的标准不一。"海关收税则例因各口岸散处辽远，不相照应，现行之税则不但与部颁则例不符，而各口之款项亦参差不齐。"⑥ 由于闽海关没有专门志书留存，福州木材输出输入的征税标准并没有明确记载，前人多以《厦门志》等其他府县的

---

①　黄国盛：《鸦片战争前的东南四省海关》，福建人民出版社 2000 年版，第 24—25、50—51 页。

②　郑一谋：《孙尔准与"安澜会馆"》，第 195—196 页；传成：《关于〈孙尔准与"安澜会馆"〉》，第 238—239 页；等等。

③　《孙文靖公奏牍》，台北文海出版社 1992 年版。《孙文靖公奏议》，全国图书馆文献缩微复制中心 2007 年版。

④　《清会典事例》卷 238《户部八七·关税·考覆二》，中华书局 1991 年影印版，第 238 页。

⑤　（清）德福：《闽政领要》卷中《各属物产》，《台湾文献汇刊》第 4 辑，厦门大学出版社 2004 年影印版，第 15 册，第 88 页。

⑥　《宫中档雍正朝奏折》第 13 辑，台北"故宫博物院"1977 年影印版，第 184 页。

材料作为参照。"免税碑"却提供了关于木材税收的详细记录，显示了与厦门等地不太相同的规例。据称，前任闽浙总督（军宪）于乾隆四十一年（1776）制定的"旧章"是，海船将松木等横装作架，仿佛肩挑扁担，颇显辛苦，准予每船免征八根；若用松木直装，又以杉木和松板横装，就不在免税之列。这反映了闽海关木材征税是以根数为准，且按照装运的形式制定减免规则。

道光初年，浙船赴闽运木出现低谷，大型海船较少，多为中型海船，从而导致福州木材输出受限。这主要由于嘉庆时期浙江东南部海域出现大规模的海盗群体以及台湾林爽文起义等事件，[①] 一度冲击了闽浙沿海的社会秩序。既然贩木船只不再以大型海船为主，而每年贩运次数和船数相对固定，船只规格变小使得木材数量相应减少，如果仍沿用免征八根的旧例，将使海关税收减少。是故，闽安口为了维持税额数量，对浙江海船"勒索留难"，产生新的陋规，引发纠纷。有鉴于此，孙尔准主张在现有规则的基础上，将免征的木材相应减少为六根，以保证闽海关税收的稳定。据统计，闽海关在道光初年的税收额是相当平稳的，考虑到某些特旨免税，如道光五年免除台湾米船税，其收入应更高。[②] 既然闽海关大部分税收有赖于木材出口，这也就说明了孙尔准制定的新税则对海关稳定税收的作用。

现有研究表明，清代常关的税则在乾隆朝已经基本稳定。[③] 但上述的事实充分说明了木材税收仍将按照不同社会经济形势进行调整，并没有固守成规。在道光朝，官府仍旧在新形势下变更木材出口税则，遏制了沿途各口陋规勒索，维护地方财政稳定和木商基本权益。这一变化，体现了按照市场机制，力求税收更趋合理化的努力。

前述的两次纷争，主要是浙江客商在经营地与牙人、差役等各色人等产生的，经由官府的审理，在海船运输和出口纳税方面，都有效地维护了商人群体的利益。不过，嘉庆年间海船上浙江籍水手"聚众

---

① 柳亚平：《清中叶浙江海盗问题研究》，硕士学位论文，山东大学，2010 年。刘平：《嘉庆时期的浙江海盗与政府对策》，《社会科学》2013 年第 4 期。

② 倪玉平：《清朝嘉道关税研究》，第 134、139 页。

③ 廖声丰：《清代常关与区域经济研究》，人民出版社 2010 年版，第 53 页。

截船"，本属于两浙木商与其自雇浙籍海船上的船员群体间的纠纷，木商却将这一案件交由福州地方官府处理，充分体现了两浙木商在福州商业的重要影响。

福州府正堂加五级记录十次岳，为聚众截船等事。嘉庆七年七月二十九日，蒙监察使司乔宪牌，嘉庆七年七月二十四日，奉巡抚部院李批，本司会同布政使司姜详据府著浙江商人陆永和等，呈控水手娄廷辅等勒加工价，阻放船只一案。查黄岩王即文髯髭，随同娄廷辅传写知单，敛钱演戏，勒加插花钱文，徐阿大、江起龙即张起隆，听从张阿意纠约多人起县求放，致娄廷辅乘间逃外，均属玩法，应将黄岩王等分别枷责，均饬递回原籍，交保管束，毋许复出滋事。娄廷辅等应请移咨浙省各原籍查拘，务获另行究给。至各水手工价，既据讯明，先经该商等议定，年止运木一次，加给辛工津贴插花，共钱一十二千文，已不为少，无应议增。所有草纸、盘香、粗碗三项，仍酌准其携带，不准额外多带以及违例夹带木板，致干拏究。再查各水手既经□籍受雇议定工价，自嘉庆元年以后，节次滋事。本年复迩夏至，节候将届，南风司令，胆敢敛钱，聚众阻滞商货，勒加工价，若不彻底禁绝，不特扰累商贾，更干税课，大有妨碍。应请移咨浙省通饬嘉兴、宁波两府所属议立"船户保催水手章程"，使商船来闽沿途，不致再行滋事。先期移关知照，以备稽查，并饬府严行查禁，嗣后按年将届，南风节候，催令各商赶紧装木上运，先期出示弹压水手，及期放行，毋致再酿事端，庶裕课通商，□有裨益等缘由，奉批如详。饬将黄岩王即文髯髭等照拟分别枷责发落，递籍交保管束，其水手工价照依议定，年止运木一次，每名给辛工价贴插花钱一十二千文，永远遵行，并饬该府按年将届夏至节候，先期出示弹压放行，毋致再有勒增阻滞滋事，仍候移咨浙江巡抚部院通饬嘉兴、宁波两府所属，议立章程，移关知照，以备稽查，并候咨明闽海关将军查照。此缘又奉总督部堂王批据详已悉知，福建布政司转饬遵照，仍候抚部院批示缴各等因，行府蒙批，除将黄岩王即文髯髭照拟分别枷责发落，饬照运籍安插，并移浙江嘉兴、宁波两府议立"船户保催水手章程"，并查拘娄廷辅等务获另行究结外，合行出示晓谕。为此，示仰各海船及舵工水手人等知悉，尔等务须恪遵宪批，议定章程、水手工价。年止运木一次，每名共给辛工津贴插花钱一十二千文，永运遵行，毋得再有勒增阻滞滋事，倘敢故违，定即严拏，从重究办，决不宽贷。各宜凛遵，勿违，特示。

嘉庆七年八月　　□□木商奉镌公立

自嘉庆元年开始，水手群体出现要求增加工价，阻碍货物运输的倾向。帆船贸易有赖于季风时节与运货期限。一旦受到阻滞，便会导致海难、亏损等危害，直接触及木商的切身利益，从而影响海关收益。此时还是海盗横行东南沿海之际，而海盗的主要成分便是沿海渔民和水手，因此对船员、水手进行有效的控制管理，也是官府的当务之急。"截船碑"便是在这样的历史背景下出现的，旨在严格控制水手，维护航行秩序。

有研究者指出，19世纪初期中国的商事诉讼在绝大多数情况下都附着于刑事案件之中。① 本案也不例外。官府将为首的浙江籍水手娄廷辅、黄岩王等人"分别枷责"，发回原籍。同时，徐阿大等人虽赴县请求放船，却导致了娄廷辅乘机逃出，也被认为是"均属玩法"。由此可以反映出官府对水手逃外的压制力度之强。

无论是在海洋还是内河，货主与船户的很多纠纷都是因运费而起。而在商货承运的纠纷中，货主商人具有较为雄厚的经济势力，而船户多系当地人，故双方互有胜负。② 不过，"聚众截船"案中，木商和水手同属客籍，官府自然对货主商人有所偏袒。碑文明确每位水手的"辛工津贴插花钱"为12000文，"已不为少，无应议增"，断

　　① ［英］科大卫：《近代中国商业的发展》，周琳等译，浙江大学出版社2010年版，第31页。
　　② 范金民：《明清商事纠纷与商业诉讼》，南京大学出版社2007年版，第97—99、108—109页。

绝勒索之由。根据江浙地区的银钱比价，① 嘉庆六年是 1：900，即 12000 文相当于 13.3 两左右，雍正八年是 1：850，大约为 14.1 两。比较可信的参照数值是雍正年间赴海外贸易的水手收入，是 20—30 两。② 相比而言，国内航线水手的收入稍低，且随着银钱比价的变动，整体价格继续降低，导致了水手要求加增工钱并使局面恶化。是故，官府的裁断倒向了木商一边，将工钱标准予以固定。

在抑制工价上涨的同时，官府还规定"所有草纸、盘香、粗碗三项，仍酌准其携带，不准额外多带以及违例夹带木板，致干掔究"。水手以出卖劳动力为生，自宋元以降，这一群体从事船货买卖活动也是极为普遍的现象。③ 允许水手携带草纸等物件来闽贩卖，乃是官府在大力弹压这一群体的同时采取安抚措施，承认并再次强调已有惯例，并没有完全断其财路。

清代对渔船和沿海贸易商船实行了保甲制度，又将保甲与具结、连合互结等结合起来，形成了较为完善的控制体制。④ 嘉庆七年的"截船碑"要求浙江嘉兴、宁波两府制定"船户保催水手章程"，便是以连环互结的形式加强对水手的管理。次年，浙江便将"商渔各船，照票分别核验，年终造册"的规定"刊入《治浙成规》，通行各属遵照"，具体内容就包括了"其船照一项，应遵新例，并详定章程于船照内，填明船舵水手姓名、年貌、箕斗、梁头丈尺，并配带炮械数目，造具细册"⑤。不仅如此，为了彻底防止水手滋事，在规定浙江木商每年仅来闽运木一次的同时，每当南风将届，福州官府先行发出告示进行弹压，保证木商按时运木北上。通过闽浙两地官府的保障，

---

① 陈昭南：《雍正乾隆年间的银钱比价变动》，台北中国学术著作奖助委员会 1966 年版，第 17 页。

② 王振忠：《清代前期江南海外贸易中海商水手的管理》，《海洋史研究》第 4 辑，广东人民出版社 2012 年版，第 221 页。

③ 廖大珂：《福建海外交通史》，福建人民出版社 2002 年版，第 82、404 页。

④ 刘序枫：《清政府对出洋船只的管理政策（1684—1842）》，《中国海洋发展史论文集》第 9 辑，台北"中研院"人文社会科学研究中心 2005 年版，第 344—347 页。杨培娜：《澳甲与船甲：清代渔船编管制度及其观念》，《清史研究》2014 年第 1 期。

⑤ 佚名：《治浙成规》卷 3《藩政·沿海商渔船只给照稽查》，《官箴书集成》，黄山书社 1997 年影印版，第 6 册，第 411—413 页。

确保了木材运输的顺利进行。

三　结语

　　现有的商业会馆碑刻，大致可以分为建设和告示两类。前者主要记录建设缘由、过程、捐输题名等；后者多以维护会馆周边环境、维护商人利益为主要内容。两浙木商会馆留存的碑刻则涵盖了这两种类型。从碑刻内容来看，两浙木商在福州的贸易活动和会馆建设，都得到了各级官员的支持。特别是浙船会馆的三通禁示碑，不仅是重要商事纠纷的素材，也因为木材贸易与闽海关有着密切关系，甚至直接记录海关税收规则，具有多重的史料价值。

　　三通禁示碑虽然有时间先后，但在内容上涵盖了两浙木商从浙江雇船到贩运纳税的基本过程，为我们了解两浙木商群体与福州木材市场制度建构的面相及其特征提供了线索。碑文中强调的“定例”“旧例”等，大体上可以分为三类。其一，运木次数固定，木商每年赴闽一次。又据《浙海关十年报告（1882—1891）》称，“每年仅做一个航次，秋天即在宁波闲置”[1]，可知这一惯例相沿甚久，直至晚清仍旧实行。这是清廷对海船出海时间和频率的严格限定和控制，不仅体现在闽浙间的木材贩运，还有中日间的洋铜贩运、福建渔船赴浙江渔场从事渔业生产等多个方面也是如此。[2] 其二，是地方官府给予木商优惠条件。运木海船系浙商自雇自运，水手亦为浙江籍，整个运输过程中不允许福州海船牙干涉。闽海关按照装运形式并依据根数而进行征税和减免。其三，随着局势变化而做出新的规定，主要是将随船水手工钱固定，并强化控制，着重推行保甲互结和弹压政策。当然，对于

---

　　① 中华人民共和国杭州海关译编：《近代浙江通商口岸经济社会概况》，浙江人民出版社 2002 年版，第 30、31 页。

　　② 刘序枫：《财税与贸易：日本“锁国”期间中日商品贸易之展开》，《财政与近代历史论文集》，台北“中研院”近代史研究所 1999 年版。《福建省例·船政例·沿海各属渔船仍照议定章程着令船户自行如式刊刻书写》载，“惟每年春冬二汛，因本省产鱼稀少，准其配盐挂往浙省定海、镇海、象山三县洋面采捕。渔期一毕，舟师押令回籍”（《台湾文献丛刊》第 199 种，台湾银行经济研究室 1964 年版，第 629 页）。

水手的处置，也有相对公允的一面，保留了自带一定数量商品的旧例。

这些勒石保存的规则，体现了木材贸易逐渐制度化的过程，有利于福建木材的外运和木商群体的发展壮大。同时，由于木材税收构成了地方财政的一个重要方面，官府对维护两浙木商利益的态度是较为积极的，压制牙人、差役和水手群体，治理经营环境，制定有利于木商的各项规则，从而构成了官商互相依靠、互相利用的局面。

第三编　清代旅粤婺源商人传记

引　言

一　问题的提出

乾隆二十二年（1757），清廷在开海设关七十年后，宣布实行广东一口通商的体制。此后的八十余年间，粤海关和十三行集中承担起合法的对外贸易事务。以广州为中心的口岸贸易汇聚了来自世界各地的商人和商品，对于海上丝绸之路的持续发展起到了促进作用。[①] 诸多内陆商帮也积极参与到广东外贸体制中，成为联结口岸与腹地之间物资、信息沟通的重要人群。但他们一直被广东口岸贸易史的研究所忽视。

发源于皖南低山丘陵的徽州商人，是明清时代商帮的典型代表，其主要贸易方向之一便是广东。已有一些学者对经营广东口岸贸易的徽商群体展开研究。如，日本学者重田德较早根据民国《婺源县志》的商人传记，揭示了婺源商人的若干重要方面。他指出，清末大量茶商出现在地方志记录之中，是徽商代表性行业（盐、典）尚未完全衰败前，转入茶、木新阶段的标志，在这一过程中，徽商本身构造也发生变化，即婺源商人的兴起。[②] 王振忠做出了一系列的深入研究。他主要利用商编路程书以及徽商相关著述，展示了徽州茶、瓷等业商人与广州口岸的密切联系以及他们对西方世界的观

[①]　王元林：《内联外接的商贸经济：岭南港口与腹地、海外交通关系研究》，中国社会科学出版社 2012 年版，第 262 页。

[②]　［日］重田德：《清代徽州商人之一面》，载刘淼主编《徽州社会经济史研究译文集》，黄山书社 1988 年版，第 447 页。

察。徽商在广州贸易活动主要集中在茶、瓷、墨三大行业，以乡族结合为主要特征，多集中于珠江南岸的河南一带。徽商在广州建立了徽州会馆（朱子堂）、婺源会馆和归原堂等机构，形成一定规模的组织。他们还积极融入中西交流，将新式事物带回故里，促进了内陆山区社会经济的发展。① 此外，以婺源商人或徽州茶商为主题的研究，均对广东徽商的活动有所涉及。② 这些成果多从徽商群体本身或徽州社会经济的角度展开论述，而对徽商在广东口岸贸易中的地位并没有足够的讨论。管见所及，仅有何建木集中论述了婺源商人在广州的同乡组织归原堂和婺源会馆。③ 陈国栋通过英国东印度公司档案中留存的各种文件，细致揭示了 19 世纪中叶以前一位婺源茶商参与广州对外贸易的兴衰历程。④

　　以上研究表明，在广东徽商群体中，婺源商人占据较大的比重。他们依靠本县的自然资源和交通、产业优势，在特定行业取得了突出的成就。不过，清代广东口岸贸易对于内陆山区的拉动作用的评估缺乏定量分析。以婺源为例，究竟有多少村落参与广东方向的商业经营，在时间和空间上有何变化，目前只有笼统的一般性描述，并没有一个较为合理的估算进行说明。从史料支撑来看，清代旅粤

　　① 王振忠：《清代徽州与广东的商路与商业——歙县茶商抄本〈万里云程〉研究》，《历史地理》第 17 辑，上海人民出版社 2001 年版；《漂广东——徽州茶商的贸易史》，载氏著《千山夕阳——明清社会与文化十题》，香港城市大学出版社 2007 年版；《瓷器之路：跋徽州商编路程〈水路平安〉抄本》，《历史地理》第 25 辑，上海人民出版社 2011 年版；《内陆の山岳地带から港湾都市まで——明清以来広州贸易における徽州商人の活動》，载日本都市史研究会编《年报都市史研究》第 18 辑《都市の比較史》，东京山川出版社 2011 年版。

　　② 唐力行、吴仁安：《徽州茶商述论》，《安徽史学》1986 年第 3 期；江怡桐：《歙县芳坑江氏茶商考略》，载张海鹏、王廷元主编《徽商研究》，安徽人民出版社 1995 年版；王世华：《富甲一方的徽商》第四章"歙县芳坑江氏茶商兴衰记"，浙江人民出版社 1997 年版；周晓光：《清代徽商与茶叶贸易》，《安徽师范大学学报》2000 年第 3 期；邹怡：《产业集聚与城市区位巩固：徽州茶务都会屯溪发展史》，《中央研究院近代史研究所集刊》第 66 期，1999 年。

　　③ 何建木：《商人、商业与区域社会变迁——以清民国的婺源为中心》，博士学位论文，复旦大学，2006 年，第 214—220 页。

　　④ 陈国栋：《龥馨茶商的周转困局——乾嘉年间广州贸易与婺源绿茶商》，《海洋史研究》第 10 辑，社会科学文献出版社 2017 年版，第 393—434 页。

徽商的统计数据无疑是缺失的。族谱和方志是两类可资凭借的史料。但由于编纂体例的差别以及各个村落、宗族留存情况不一等，倘若以族谱记录的商人进行统计，数据来源难以均衡。在不能搜集齐全婺源各村落谱牒文献的情况下，县志的覆盖面却是较为完整的。道光、光绪和民国三版《婺源县志》的"孝友""质行""义行""节妇"等人物传记大量记述了全县商人及商人妇有关情况，在选取标准上是较为一致的，可以作为重要的参考统计数据。因此，在梳理方志整体信息的基础上，结合族谱的相关记载，是可以初步探讨婺源商人参与广东贸易的大致规模和社会生活等问题。基于以上的设想，本研究尝试提取地方志和族谱中关于旅粤婺源商人传记的来源地等信息，从新的角度讨论徽州商人群体与广东口岸贸易之间的互动关系。

二　方志、族谱中的商人传记

方志与族谱无疑是保存包括商人在内各类普通民众传记的基本文献类型，都具有较高的史料价值。两者之间还存在较为复杂的联系。试以光绪壬辰年十八年（1892）续辑的《婺源（凤山）查氏族谱》与十年前付梓的光绪《婺源县志》为例进行比较。

族谱所载的李瑞《查锦璿公传》曰：

> 壬午续修县志，县令秋浦吴公举少霞汪御史蠡筦宗内翰总其事。阅一载，以省墓事，内翰同余赴浮之界田，论及邑乘，辄举所手订者，一一述之。而凤山锦璿查公，其义行尤为之娓娓不倦。嗣赴志局，获阅原稿，汪御史指之曰：如斯人者，所谓一乡之善士非欤！时余犹仅知其略耳，后以弱女配公之曾孙，生平行事始得其详。①

---

① 《婺源查氏族谱》卷尾之7《列传》，光绪十八年（1892）木活字本，上海图书馆藏，书号：926102-41。

可见，徽商家族与县志编纂者形成了一定的互动关系。不仅凤山查氏，思溪人俞钧更是直接与县志修撰者直接联络。据载："编修司徒照（即光绪《婺源县志》修校者之一的程蓉照）在粤措赀，慕钧名，谒见，慨然以三百金赠，照感激，为咏'新安伟人行'。"①从此条记录可知，县志修撰时甚至直接在经商地募款，在这一过程中采集商人传记的有关信息。从这些线索还可得知，县志对于义行善举的记述是较为简略的，更为详细的内容保存在民间社会的口头流传中，而族谱正是将这些口述故事转化为文字记录。李瑞不仅从汪正元（即汪御史）处得知查锦瑺的事迹，更是通过联姻的方式，打听到更多的故事，从而写成了这篇传记。由于县志与族谱在编纂目的和采集信息方式上的差别，两者间的文字记录也有一定的差异。以下试以涉及旅粤经商的三位查氏人物为例，列表比较族谱和方志的差异（见表3—1）。

表3—1 县志与族谱文字比较

人物	《婺源县志》	光绪《婺源查氏族谱》
查贤簴	山坑人，十四失怙，事母竭力承颜。与兄析箸后，怡怡友爱，治生产，有所入，必两分焉。族侄某贸易粤东，病卒，簴代舆榇归里，将遗货售去，得五百金，还其家，孤嫠赖以赡养。中村族某寄簴墨数十劢，亦病死外，簴权子母，积百余金，召其子予之。殁年八十三。邑侯孙给额曰"义笃敦伦"。（道光，卷26《质行六》；光绪，卷38《质行六》；民国，卷45《质行六》）	十四失怙，事母竭力承颜。与兄析箸后，怡怡友爱，治生产，有所入，必两分焉。族侄某贸易粤东，病卒，簴代舆榇归里，将遗货售去，得五百金，还其家，孤嫠赖以赡养。中村族某寄簴墨数十劢，亦病死外，簴权子母，积百余金，召其子予之。殁年八十三。邑侯孙给额曰"义笃敦伦"。（卷4《各支行实》）

---

① 光绪《婺源县志》卷34《人物十·义行七》，《中国方志丛书》华中地方第680号，成文出版社1985年影印版。

续表

人物	《婺源县志》	光绪《婺源查氏族谱》
查奎	国学生。五六龄，每食必先奉亲。比长，兢兢自守，尤以辱身为戒，重义轻财，抚孤侄，婚教成立。<u>族有业茶于粤东者，为行户亏折，久踬于外</u>。奎以一千五百金贷之，<u>始获归家</u>。未数年，折其券，镇江高<u>某</u>邮致千金代购牛鞞，二月鞞至苏，三月城陷，高殁。其子来索款，<u>陆续偿之</u>，不与论。广德兵燹后，残骸遍野，痤埋无算。其长厚高风，里党称道不置。（光绪，卷34《义行七》；民国，卷40《义行六》）	国学生。五六龄，每食必先奉亲。比长，兢兢自守，尤以辱身为戒，重义轻财，多隐德，抚孤侄，两世教养，婚嫁恩勤周至。<u>族有业茶者，为行户亏折，举家惊疑</u>。奎以千五百金贷之，<u>始得脱归</u>。未数年，<u>仍</u>折其券，<u>咸丰庚申</u>，镇江高<u>心斋</u>邮致千金，便购牛革，二月革至苏，三月城陷，高殁。其子来索款，偿之，不与论。广德兵燹后，残骸遍野，痤埋无算。其长厚高风，里党称道不置。（卷4《各支行实》）
查炳智	性至孝，父客粤东，闻病驰省，昌暑走数千里，眠食几废，遇寺庙辄祈祷，叩头流血。比至，父已殁，号绝复苏者再。同舍感其孝，相与扶榇，急行至赣，以劳卒，殁于旅次。灵柩双归，乡邻哀之。族人庆曾高其行，为作传。江绅峰青赠额"至性过人"。（民国，卷33《孝友十》）	迨国学从业东粤，濒行，牵衣泣至不成声，过后一月中，数四邮书，启居禀白家下事织，悉不自专。客至自粤，或百里。或百几十里，皆奔讯，恐后旅信，纵平安，亦必快快者数日。岁时，同侪各款洽欢谑，炳智独兀坐，非忽忽焉，如有失，即涔涔然泪洗面也。岁丁亥，国学病粤，邸信至昌，值三伏暑酷虐，人尽不堪，炳智即日跣步就道，昕夕焚香告天，愿减算以增益父寿，过寺院哀吁益虔，叩头见血，出不休。比至粤，国学捐馆谷已数月，炳智号绝复苏者再，席枕块，不住声哭哀毁骨立。同舍知不可已，相与力疾扶榇，急于行，行抵赣州，劳瘁遽作，不得起，果以是卒于赣之旅舍。（卷尾《列传》）

　　族谱在列举"行实"之后，标有"志义行""志孝友"等，便是以方志传记为依据。表3—1中查贤簏的叙述，几乎与三版方志一致。唯一的差别是他的籍贯，方志皆记为"山坑"，而不是与其他同村查

氏人物载为"凤山"。对照地名志可知，凤山即为山坑。① 可以想见，方志对人物籍贯的记述较为随意，有时记录的是村落的别名，需要结合族谱才能明了个别人物的准确地域来源。查奎的传记同样抄录于县志，但存在诸多细节的差别。如，他援助的业茶族人，方志明确载为粤东，族谱则将经营地略去。从"行户"（即十三行行商）的细节仍可推测其在广州经营茶业。而对于前来讨债的镇江高氏，方志略去时间和姓名，族谱却详细开载。这部光绪《婺源查氏族谱》还为民国《婺源县志》的采集提供了素材。以查炳智为例，生于咸丰八年（1858），享年三十岁，即死于光绪十四年（1888），因而光绪八年的县志未能收入。而族谱载入查庆曾所撰的《宗再侄炳智传》，经过提炼之后列入民国县志之中。可见，族谱的信息既有精练的一面，也有翔实的细节，更有助于个案讨论。

方志的记载仍具有重要价值。除了个别细节较之族谱更为详细之外，如民国县志还有凤山的查树金"以本股业典还凤负，服贾粤东，以所入分润诸弟，外余始赎还典产"，查上鹏"父殁粤东"等信息，均为族谱所未逮，应为光绪十八年之后增补的内容。在我们无法得知凤山查氏是否存在民国族谱的情况下，方志无疑提供了更为全面的信息。此外，作为县志前期工作记录的"采访册"，与正式刊印的县志也有文字上的差别。有时，虽为县志编纂者认为是冗余而被删除的信息，却对我们的研究具有较高价值，并保存在采访册中。例如，光绪和民国县志对于渔潭人程国远的记载是："性仁厚，尝偕友合伙贩茶至粤，公耗八百金。远念友资无从措，独偿之。"而《婺源县采辑册·义行》的记录便有差异："幼业儒，以亲老家贫服贾，历艰苦，家渐裕。尝偕粤人业茶，共亏金八百，粤人惧不敢归，远怜之，遂慨然独认。"采访册显示出徽商与广东商人合伙经营茶业的线索，而正式编入方志时却被省略了。

重田德早已指出，各版《婺源县志》的刊刻都得到商人的资助，许多"美谈""善行"似乎可以用钱买来。而且，这些传记限于体

---

① 婺源县地名委员会办公室编：《江西省婺源县地名志》，内部出版，1985年，第314页。

例，善行的记录有程式化之倾向，作为记录商人经营活动的具体表现以及各方面现实生活的史料，无疑是受到限制的。① 尽管如此，将县志的记录作为一种趋势的反映，重田德仍然揭示出婺源商人在行业转移上的重要变化。同样的，方志的不实之处通常是善举、义行、苦节等内容，而商人的经营地点、籍贯来源，包括商人家庭成员、妇女的活动地点信息却是较为可信的，一般不存在伪造的情况。同时，徽商经营往往依托乡族力量，个别商人传记背后其实是一个村落、家族集体参与商业贸易的表现，绝非个体现象。因此，提取在"广州""羊城""粤东""珠江"等地活动的商人之归属村落信息，并进行归纳，是能够反映出婺源商人经营广东的总体趋势。

---

① ［日］重田德：《清代徽州商人之一面》，载刘淼主编《徽州社会经济史研究译文集》，第419、450页。

第 一 章

徽州商人与广东口岸贸易

一 外贸刺激下的行业格局

从道光《婺源县志》开始，此后的光绪、民国两版县志皆收录了大量与商人相关的传记。共有 158 例涉及旅粤商人，其中的 48 例述及商人的经营行业，从中可以看出清代广东口岸贸易中的婺源商人的行业分布情况（见表3—2）。

表3—2　三版《婺源县志》所见旅粤商人行业分布情况（单位：例）

行业	道光	光绪	民国
茶	0	30	39
墨	1	1	3
瓷	0	2	5
木	0	0	1
总 计	1	33	48

从表3—2显示出旅粤婺源商人经营的行业颇为集中。茶业在其中占有82%的比例，具有压倒性的优势，也是最贴合广东口岸贸易的行业。实际上，道光朝之前便有众多茶商开赴广东开展经营活动。但由于县志的商人传记通常置于符合儒家思想的"孝友""义行""质行"等条目之下，记述重点是商人的善行义举，行业并不是主要内容，因而三分之二以上的传记只有"贾于粤"一类的泛泛表述。具体到行业，道光县志仅十分含蓄地述及墨业，直至光绪县志才大量记载

茶业、瓷业和墨业活动，远远迟于各业的发展情况。因而，对于婺源
商人经营的更多关键性细节，需要寻求族谱等民间文献。

据婺源北乡龙腾村的道光《俞福涌公房支谱》记载，俞世兴
"家故贫，随父经营。初在乡落设肆，稍有铢积，辄怀远图。运茶
为业，巨细必躬亲。之时，群从不过一二人往来东粤，公一身绰然
肩任……今之诸子辈业茶起家者，皆赖公创厥始也"①。此人死于乾
隆己亥年（乾隆四十四年，1779），可知龙腾俞氏宗族大规模赴广
州经营茶业，应在 18 世纪中叶。也因为如此，龙腾俞氏较早便有族
人以经商广东被记录到道光《婺源县志》之中，入志人数也是全县
较多的。其最初的资本积累在于游走于乡村间的小本商贸活动。形
成鲜明对比的是同族的俞光场。他"资茶为业，蛮烟不避"，获得
丰厚利润。"旋因母耄，不耐途长，尤定省音，问之多违，致潴灞
脂膏之莫视，乃弃茶而业木，早出早归，非欲赢而恶嚣也，于是家
居十余载。"②俞光场逆流而行，弃茶业木，只是为了尽孝悌之心，
在当时属于特殊情况。

茶叶贸易的丰厚利润，让不少人投身其中，也有各个行业的商人
转入茶业。光绪、民国《婺源县志》就记录了大批从务农、业木、业
典、业砚、从医等转向或兼营茶业的商人。另外，由于方志对内容的
裁剪，从族谱中还能补充一些商人转业的现象。江村汪氏族谱列有
"附录邑志传"条目，其中便抄录了汪章然业茶粤东的记载。③ 同时，
还收录了同治八年（1869）洪恩湛所写的传记。

> （汪章然）长即随湛（即汪恩湛）祖父吉人公贾于金陵、
> 吴楚间，精握算，善持筹，折矩周规，不减老成风范。迨湛祖
> 父老归田里，姑父又应金宅之聘，业茶东粤，每岁一至，盖东
> 粤财赋所聚，商贾云集，奢华之习甲于天下，人于此大都，乐

---

① 《龙腾俞福涌公房支谱》卷 3《世兴公暨胡孺人传》，道光年间刻本，浙江省图书馆
藏，书号：普 921.512 / 8022.5。

② 《龙腾俞福涌公房支谱》卷 3《翰林院待诏光场公暨元配章孺人传》。

③ 《平阳郡汪氏宗谱》卷 6《附录邑志传》，光绪三十一年（1905）木活字本，上海
图书馆藏，书号：939302-06。

而忘返，甚至荡其资本不惜焉。而姑丈严毅正性，声色货利不迩不殖，每于宾朋酬酢间，切切偲偲，谊至厚也，情至笃也。识者恒以此佩服甚至。若修道路、复祀田、犹子未室与伯兄谋娶之，鳏寡孤独量力周恤之，卓卓有表见人以为孝友世其家者斯护报不爽也。咸丰辛亥，以疾故，力辞居停，不获命，复游东粤，病日笃，形日羸，自知不起，促装归，明年春正月易箦于家，享年四十有六……姑丈（即汪章然）捐馆后，长子从述继父志，又游东粤。为粤逆阻隔，音问不通，八载未归。次子从迈、三子从达音问亦梗于江北，虽四子从逊随侍膝下，而年未出幼，家政未谙……①

　　从族谱其他传记可知，江村汪氏商人以经营木业为主。汪章然早期经营的金陵（即南京）、吴楚（主要是两湖江西等地）通常是木商活动的地域。因此，他大约在嘉庆、道光时期开始从木业转投茶业。太平天国战争前夕，其长子继续从事茶业。关于商人转业的现象，日本学者重田德认为，方志所载的年龄多是"中年业茶""壮业茶"等语句，表明这一现象是"道光末年以来茶叶市场划时期的繁荣所致"②。不过，如前所述，县志记录并不能准确反映出商人和行业发展的演进趋势，而族谱的记载相对可靠。相较而言，龙腾的俞世兴便是乾隆朝实行一口通商后开赴广州从事茶叶贸易并带动家族一并经营的典型代表。此外，笔者在县志极少量的经商时间记录中也只发现一例。庆源詹竖基之子"乾隆壬寅年娶妻胡氏，即同房侄卖茶东粤，未几卒于韶州龙头影舟中"③。壬寅年即乾隆四十七年（1782），略晚于龙腾俞氏。可见，"稍有铢积，辄怀远图"表明长途贸易的巨额利润和婺源商人对广东茶叶贸易的高度敏感。

<hr />

　　① 《平阳郡汪氏宗谱》卷6《国学生亶其汪公暨德配洪孺人传》。
　　② ［日］重田德：《清代徽州商人之一面》，载刘淼主编《徽州社会经济史研究译文集》，第432—436页。
　　③ 光绪《婺源县志》卷54《人物十五·列女一》。

二 商人来源的分布情况

至迟在 16 世纪，就有徽州商人在广东经商的记录。著名的"广中事例"中，便可发现徽商通过广东口岸参与海外贸易："嘉靖三十五年，海道副使汪柏乃立客纲、客纪。以广人及徽、泉等商为之。"①清代，徽州各县都能见到赴广东的商人。如，休宁人以典当见长，汪可钦"伯兄以高赀行质于粤，值兵燹，为典守者干没殆尽，钦越数千里料理之，尽还故物，一无所取"②。茶商最为常见，歙县、黟县、婺源等县皆有记载。如，黟县人汪琴"客广东，有同邑叶甲贩茶未售，暴卒。琴素不识甲，殡殓之。代售茶，归其资"③。

道光、光绪、民国三版《婺源县志》记述的旅粤商人数量，是徽州六县方志中最为庞大的，民国志共计达到 161 例。而全书涉及经商事迹的人物传记共计达到 1800 例以上，旅粤商人的比重约占 8.8%。若将没有记载经商地点的人物算上，这一比重还可能有所增加。可以粗略估算，大约十位婺源商人中就有一位参与到广东贸易之中。旅粤商人主要涉及茶、木、瓷、墨等行业以及 50 余个村落。当然，方志对于旅粤商人的村落归属是有遗漏的。如城北双杉的王元标，"弱冠即往来粤中，习计然术，虽持筹握算，而取财以义，有为商贾中罕见者……咸丰间，郡城军需告匮，捐合属富户。公命嗣子随众往，首捐五百金，众倍踊跃。子归覆命，公乃大快，后又两次乐输，皆如其数"④。无论是个人经营才能，还是参与本地公益活动，王元标都有资格入志，但方志并没有予以收录。尽管如此，地方志的覆盖范围并没

① 嘉靖《广东通志》卷 68《外志·杂蛮》，《广东历代方志集成·省部》第 3 册，岭南美术出版社 2006 年影印版。

② 康熙《休宁县志》卷 6《人物·笃行》，《中国方志丛书》华中地方第 90 号，成文出版社 1970 年影印版。

③ 同治《黟县三志》卷 7《人物志·尚义传》，《中国地方志集成·安徽府县志辑》第 57 册，江苏古籍出版社 1996 年影印版。

④ 《双杉王氏宗谱》卷 18《尚如公传》，光绪十九年（1893）木活字本，上海图书馆藏，书号：903005 - 16。

有其他文献可以替代，个别人物的遗漏也并不足以对本文的估算产生影响。因此，笔者整理三版县志有关旅粤商人的地域来源信息，制作表3—3。

表 3—3　　道光、光绪、民国三版《婺源县志》所载旅粤商人的地域来源①

地域	城西	高安	长溪	赋春	龙腾	思溪	豸峰	汪口	考水	凰腾	湖村	沱川	凤山	城乡	江湾	香山	官桥	庆源	严坵	云川	鸿川	清华	梅源	槎口	孔村	渔潭	理田	和睦	长径	中云	梓里
道光	2	1	1	1	3	1	1		3		1	1	2	1	1	2	1	1	1	1											
光绪	6	3	1	4	6	4	5	7	3	1	1	4	2	1	2	1	4	5	1	1	4	4	1	2	3	3	5	1	1	3	2
民国	7	3	3	5	8	5	6	7	1	1	7	5	1	2	1	4	5	2	1	5	5	1	3	4	3	7	1	1	7	1	2

地域	阳村	庐源	荷田	朗湖	鹄川	秋溪	诗春	漳溪	汜川	石头崛	长滩	沧溪	江村	齐岭	金莘	段莘	城南	石岭	泉田	环川	清源	晓起	冲田	坑头	城东	虹关	白石岭下	读屋泉	总计
道光																													23
光绪	1	1	3	1	2	1	4	1	1	1	1	1	1	1	1	1	1	1											105
民国	1	1	3	1	2	2	5	1	1	1	1	1	2	1	2	1	1	1	2	1	1	2	2	1	1	2	1	1	161

据表3—3信息，制作旅粤婺源商人来源的地域分布图（见图3—1）。商人数量依民国县志，同时，也显示出各个聚落在三版县志出现的先后。

---

① 根据《婺源县地名志》进行定位，并结合该书附录六《别名、曾用名与现名对照表》，对方志记载的村落名称进行归并，主要包括：龙腾即龙溪、豸峰即豸下、鸿川即洪村、理田即李坑、考水即考川、泉田即许村、桃溪即坑头、凤山即山坑、沧溪即高沧、齐岭即齐村等。

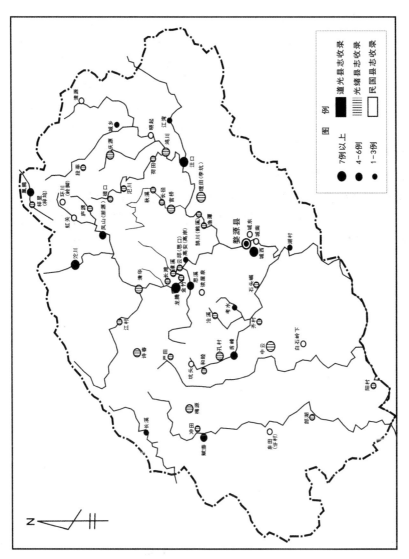

图3—1　三版方志所载旅粤婺源商人地域来源分布（笔者自绘）

从图3—1中可以明显地看到，城西、龙腾、汪口、沱川、理田、中云是旅粤婺源商人最多的6个地点，人物传记均出现7例以上。位于北乡的龙腾商人传记最多，为8例。如果结合周围村落的情况来看，那么龙腾的优势更明显。该村周围的思溪、思口、长滩等聚落的商人也有相当数量，而其他村落聚集程度均不如这一地带。再对比民国县志各个村落商人比重：龙腾商人共有29人入志，其中旅粤商人占28%；清华入志商人为全书最多，达到85人，而其中旅粤人数的比重仅6%；城西共计45人载入方志，其中旅粤商人占16%；沱川55人入志，其中旅粤人数比重为13%；中云51人入志，其中旅粤人数比重为14%；理田36人入志，其中旅粤人数比重为19%；说明这些村落的商人数量众多，但对广东贸易的参与未必所占比重最大，而将经营重心放在长江流域等地。相较而言，汪口有19人入志，旅粤人数的比重较高，达到37%。龙腾略少于汪口，但笔者所见汪口族谱较为简略，几乎没有商人传记，龙腾族谱则有丰富的商人传记，可以作为一个典型个案进行讨论。

龙腾为俞氏宗族所聚居，是徽州茶木商人的主要来源地之一。道光二十六年（1846），汪文翰如此描述道：

> 星源环山为邑，土瘠薄而俗勤俭，犹有唐魏之遗风。自茶木利开，邑之人争奔走以逐末，百余年来，日渐趋于侈靡而不自知。论者惜之，余颇不谓然。夫土瘠不能转变为肥饶，而民靡犹可挽归于勤俭，是在转移风化者，振励之而已矣……士君子将行德义于乡邦，必先有所修养生息焉，以自厚其基，然后乃能经画展布焉……吾邑北龙溪，拥素封者，今不下十余家，率皆以茶木起迹……①

在这段议论中，作者提出了奢靡论和重商论的积极方面：皖南山区粮食作物匮乏，利源在于经济作物的种植和贸易。19世纪中叶，龙腾一村的富商已有十余家。他们的成功与山村面貌的更新，离不开广

---

① 《龙腾俞福涌公房支谱》卷4《晋赠中宪大夫讳国桢俞公论》。

州这一外部拉力。道光《俞福涌公房支谱》记载，俞世兴"运茶为业，巨细必躬亲。之时，群从不过一二人往来东粤，公一身绰然肩任……今之诸子辈业茶起家者，皆赖公创厥始也"①。他的主要活动是在乾隆朝前期，即18世纪中叶，是目前所见清代婺源商人最早参与广州口岸贸易的例子。

经营空间和行业的转移，可以带来丰厚的利润。这样的例子因为广东贸易而在方志中带有一些传奇色彩。谢坑江村人江廷仲"家贫，贩布为业，尝至庐坑村外亭内拾得遗金百余两，并银票为数甚巨。候至日暮，无人来问。明日复往，坐候下午，始有广东人策马来询之，属实，尽还之，不受谢。其人谓曰，他日幸至粤，问'谦和昌'即可。相遇后，布业失利，赴粤东访其人，谓前款已设木行，作两人合，请仲经理。数年，遂致巨富"②。该故事中，江廷仲从事的布业，并非婺源商人的主导行业，经营前景不佳。而因为他的诚信，获得了广东商人的信任和感恩，转而合伙经营木业，终于获得成功。不过，婺源商人的木业在广州口岸贸易中并不占据重要地位。甚至在161例商人传记中，赴广东从事木业的仅有此例。尽管如此，这一故事仍然提示着诚信对于商业成功的重要性以及转业广东贸易带来的利润诱惑。有时，商人还可以通过彰显孝悌等美德，获得信任和投资。詹钟大"业儒未售，以父年迈，乃就贾于粤东。邑人某感其诚，与合业经营十余载"③。

婺源商人在六县商人共有的广州徽州会馆管理中逐渐占据重要地位。"众举（程泰仁，长径人）经理徽州会馆，六县商旅，均服其才。"④ 官桥人朱文焰"同乡建安徽会馆，输银一十二百两，兼董其事"⑤。庐源人詹世鸾对修会馆"多挥金不惜"。⑥ 徽州会馆因为祭祀

---

① 《龙腾俞福涌公房支谱》卷3《世兴公暨胡孺人传》。

② 民国《重修婺源县志》卷42《人物十一·义行八》，《中国地方志集成·江西府县志辑》第27册，江苏古籍出版社1996年影印版。

③ 光绪《婺源县志》卷40《人物十一·质行八》。

④ 光绪《婺源县志》卷34《人物十·义行七》。

⑤ 同上。

⑥ 光绪《婺源县志》卷35《人物十·义行八》。

朱熹，又被称为朱子堂。同样来自官桥的朱文炜因为"朱子堂为匪占夺"，挺身而出，"讼于官，留粤两载乃复"①。这四位对广州徽州会馆有突出贡献的婺源商人均为茶商，表明了茶业是广东口岸贸易的重要行业。还值得注意的是，龙腾、汪口等旅粤商人来源较多的村落并没有参与会馆建设的记录。官桥朱氏家族人数稍多，共计16人收入民国县志，有4人明确载为旅粤商人，比重为25%。至于长径和庐源，仅上述两位商人的信息。可见，旅粤商人数量众多，未必在广东贸易中握有领导地位。这是由个人对于会馆事务的热情程度和管理能力决定的。

三　商业风险与利益网络

在跨越内陆山区到濒海口岸的长途旅行和运输货物环节中，婺源商人需要应对自然灾害和盗贼、水手等各色人群的威胁。从婺源出发，穿过江西，抵达南岭，主要是经由昌江、赣江等水路。詹文锬"少随父赴粤，浪撼舟翻，抱父流四十余里，渔人援之。遂泣劝父家居，独立经营商业"②。内河航运的危险曾让个别商人退避三舍。抵达南岭后，改由陆路进入广东，需要雇请挑夫搬运货物。汪廷锐"弱冠随父商粤，路经南雄岭，被贼劫去巨资，仅以身免"③。詹添麟"尝业茶过南雄，担夫数十人窃货以逃，麟以地方法禁严峻，不忍鸣官究治"④。抢劫和盗窃依旧屡禁不绝。进入珠江三角洲后，继续依靠水运抵达广州、佛山、澳门等地。但内河及沿海地带的盗匪颇为猖獗。戴承烈"随父赴粤售茶，途遇险，竭力御父。父殁，随兄赴粤，海盗炮击烈船，烈以身御兄，衣服被褥为炮所伤，兄弟皆无恙"⑤。

茶商在打通婺源赴广东的商路，建立贸易运输秩序等方面发挥了重要作用。李登瀛"尝业茶往粤东，经赣被盗，力控究办，请示勒石

---

① 光绪《婺源县志》卷35《人物十·义行八》。
② 民国《重修婺源县志》卷33《人物七·孝友七》。
③ 民国《重修婺源县志》卷48《人物十二·质行九》。
④ 光绪《婺源县志》卷35《人物十·义行八》。
⑤ 民国《重修婺源县志》卷48《人物十二·质行九》。

于通衢，商旅以安。乐匪（即江西乐平县）阻船需索，诉诸督抚、各宪，河道肃清"①。还有不少婺源商人将景德镇瓷器贩运到广东外销。汪国仪"业瓷景镇，积资设肆，运贩粤东，以信实见称。先是，瓷器往粤，关卡留难，仪集诸商控告，奉准示禁"。此后，他便捐资兴建景德镇的婺源会馆。② 正是在长期的长途贸易中，以及与地方官府和社会力量打交道的过程中，形成了婺源商人群体的凝聚力，结合成为规避商业风险的利益团体。

面对商路上的威胁，有的商人寻求官府的支持。而前述詹添麟却面对南雄担夫的盗窃行为，"不忍鸣官究治"，具有仁慈义行的色彩。但是，通过横向比较可以发现，闽西书商也有包容对待挑夫的表现，背后却是商人与挑夫共同结成的特定人际网络。挑夫群体有着秘密会社的支持，可以向商人提供动乱信息。③ 容忍挑夫的盗窃和勒索，其实也是保护商人自身的安全。因此，詹添麟的纵容忍让或许反映的也是类似利益网络。

俞钧充满戏剧性的例子，则展现出商旅交通过程中结成利益网络的另一种面貌。

（俞钧）弱冠挟重资贾粤，有同舟客某失金所在，愤欲赴水，钧挽，沽酒劝慰，以己金置床下，佯惊曰："客金固在也。"客喜，不暇辨真赝，放橐中。后舟子以分赃相殴败，客始知之。年余，钧归，舣舟入市，忽值客跪告以故，一市皆贤钧。④

面对行旅中的盗窃，俞钧以自己钱财帮助了失窃的商人，换取的是商界普遍的赞誉。名誉和口碑又有助于生意的拓展。詹钟大也是如此。"业儒未售，以父年迈，乃就贾于粤东。邑人某感其诚，与合业

① 光绪《婺源县志》卷34《人物十·义行七》
② 民国《重修婺源县志》卷42《人物十一·义行八》。
③ ［美］包筠雅：《文化贸易——清代至民国时期四堡的书籍交易》，刘永华等译，北京大学出版社2015年版，第174—178页。
④ 光绪《婺源县志》卷34《人物十·义行七》。

经营十余载。"①

　　婺源商人在广东口岸贸易中面对的还有洋商、行户、牙商等中介商人群体。他们被亏空的记录比比皆是。如，王大丰"祖父以业茶起家，父被洋行放空"②，查奎"族有业茶于粤东者，为行户亏折，久踬于外。奎以一千五百金贷之，始获归家"③。余圣材"与族人合贷重资，业茶粤东，牙侩亏空，归鬻己产偿之"④。亏折无非是行商欺诈所致，但详细情况不甚了了。龙腾俞氏茶商的族谱信息可填补这一认识空白：

> 　　大父（即俞世广）以茶叶起家，在粤东最久……粤之人无老少，莫不知有"扶接官"，盖大父小字也。吾家自事茶业，诸从父昆弟，大率半载居家，半载居粤。大父一一待之以诚，结之以恩，人皆钦服，从无闲言。伙伴之随往粤者，体恤备至，视如家人……粤东沐姓洋商某，大父旧交好也，宿负颇多，至戊辰空愈甚，人俱不与交接。大父欲以独力助之意，谓："若竟与之绝，则前此者何追。人参甘草，病甚，正当用之救之，而获有济于我，未始不有大利。且以素厚义，不忍坐视。"是岁，茶数约五万余金，尽入其行中，并外帮助通算不下六七万金。讵料，病已深卒，不能保全。行竟空，资本全倾，分毫无取。陷粤东六年不得归。婺之人自粤来者，咸曰："惜哉，某休矣。"⑤

　　梁嘉彬先生《广东十三行考》一书对广州十三行沿革、行商事迹等诸多问题进行了系统的史料搜集和考证。其中，第三章第二十节"万成行"详细论证了中外文献中的行商沐士方（Lyqua）的经营经历。⑥ 十三行诸洋商姓氏中，唯万成行为沐姓。据梁家彬考证，万成

---

① 光绪《婺源县志》卷40《人物十一·质行八》
② 民国《重修婺源县志》卷48《人物十一·质行九》。
③ 民国《重修婺源县志》卷40《人物十一·义行六》。
④ 光绪《婺源县志》卷39《人物十一·质行七》。
⑤ 《龙腾俞福涌公房支谱》卷3《皇清诰封朝议大夫芙溪府君行述》。
⑥ 梁嘉彬：《广东十三行考》，广东人民出版社1999年版，第317—320页。

行沐士方系浙江慈溪茶商，嘉庆八年赴粤贩茶，十一年承充洋商，十三年（1808，戊辰年）购买英商棉花、鱼翅等货物二十四万七千多两，但因市价变动，严重亏空。次年，万成行便宣告倒闭。族谱记载与其所述的相关时间和事件完全一致，所提及的沐姓洋商应为万成行的沐士方。因此这是一条难得的徽商与十三行关系的史料。

由于都是经营茶业，俞世广与沐士方应有生意往来，成为商业伙伴。沐士方成为行商之后，经营范围从茶叶转向洋货。但他对于市场价格的把握并不准确，"宿负颇多"，商业信用不佳。尤其是他在1808年的贸易投机，"人俱不与交接"，陷入绝境。这些细节描述表明，万成行的倒闭主要是与沐士方的经营不善相关，并非偶然的价格变动。即便如此，俞世广却对万成行起死回生满怀希望，认为投资援助"未始不有大利"，带有投机牟利的意图。他将自身价值五万两的茶叶全部付出，另向他人借贷资助，共计投入六七万两，达到沐氏投资成本总数的四分之一。

在婺源茶商的合伙记录中，数百两至千两已属巨额。如程国远"尝偕友合伙贩茶至粤，公耗八百金"①。詹坦贞"业茶粤东，有以数千金合业者，诚信无欺，人咸重之"②。个体经营中，数千两至一万两也是"巨金"。如詹元檀之父"贷金数千，贩茶于粤，有同寓某自称桐城某宦裔，通乡谊，瞰儒重金，诳之去"③。龙腾俞氏茶商的俞鹏万"客某附万舟之粤，窃万金，万觉，客泣告以亲老故，万恻然释之归"④。至于程锡庚，"尝在广东贷千金回婺贩茶，一路资给难民，至饶州金尽"⑤。将借贷的一千两全部捐助灾民，已属壮举。此处俞世广竟一次性投入数万两。与此同时，与东印度公司往来密切的巅馨号茶商，在破产时的债务也达到四万余两。⑥ 可以想见，外贸行商与内陆

---

① 光绪《婺源县志》卷34《人物十·义行七》。

② 光绪《婺源县志》卷40《人物十一·质行八》。

③ 光绪《婺源县志》卷30《人物九·孝友六》。

④ 道光《婺源县志》卷23《人物十·义行六》，《中国方志丛书》华中地方第679号，成文出版社1985年影印版。

⑤ 光绪《婺源县志》卷34《人物十·义行七》。

⑥ 陈国栋：《巅馨茶商的周转困局——乾嘉年间广州贸易与婺源绿茶商》，第394页。

商帮共同结成了资本规模庞大的利益网络。"万成行"的倒闭也在相当程度上冲击了徽商的经营。

在充满机遇与风险的商业环境下，商人的成功经营，既需要自身的经营能力与智慧，也离不开乡族关系网络。在婺源方志中，关于同乡与家族协助的例子比比皆是。如，"（詹世鸾）贾于粤。东关外遭回禄，茶商窘不得归，多告贷。鸾慷慨饮助，不下万金"①；朱文煊"在粤八载，凡徽郡流寓，不能归者，概给路费十金，士人倍之。每岁不下二百余金"；② 等等。俞世广在经营失败，至少得到两位家族人物的帮助才得以摆脱困境。一是其夫人董氏，"出奁中积金付之二子，多方筹画，夙夜不寐，大母一以全精神赴之，我大父既振而落，落而复振者，实大母内助之力居多"③。二是族人俞昌绵，他与俞世广合伙赴广州贸易，"独出心力，多方部署，仔肩重任，不数年，所耗尽复如旧"④。宗族力量在婺源商人起死回生的过程中，发挥了重要作用。

四 近代商业危机中的转移和坚守

晚清五口通商以后，不少婺源茶商开始转向上海贸易，往来于粤沪之间。余启榜"服贾粤沪，资饶"⑤。齐用仪"幼时家贫，经商广东、上海，渐饶裕"⑥。詹荣"服贾粤沪等处，境稍裕，为父捐五品衔"⑦。戴锦翔"四旬，外业茶于粤、于浔、于浙、沪，投无不利，家日起。"⑧ 王锡麒"初随姻弟潘畅中司账，继自业茶，驰名沪粤间，迨家计小康，遂歇业，依依膝下，乡里称孝"。⑨ 经理广州徽州会馆的

---

① 民国《重修婺源县志》卷40《人物十一·义行六》。

② 同上。

③ 《龙腾俞福涌公房支谱》卷3《皇清诰封恭人芙溪府君嫡配董太恭人行述》。

④ 《龙腾俞福涌公房支谱》卷3《毓斋公暨程恭人合传》。

⑤ 光绪《婺源县志》卷35《人物十·义行八》。

⑥ 民国《重修婺源县志》卷42《人物十一·义行八》。

⑦ 同上。

⑧ 同上。

⑨ 民国《重修婺源县志》卷48《人物十二·质行九》。

程泰仁，"咸丰间，业茶上海，独捐钜资修广福寺"①。

太平天国战乱极大地冲击了旅粤婺源商人的经营，不少人因此而破产。汪从钜"随叔卖茶广东，遭粤匪乱，家中落"②。施汝哲"经商于粤，洪杨乱起，丧资斧，家遂窘"③。幸存下来的商人，纷纷将贸易重心转向了上海。如，许贞"粤匪扰乱，举家走匿，房屋被毁。时贞父贩茶陷粤中，十四年不能归，贞日夜忧虑，备尝辛苦。侍母先意承志，甘旨无缺。乱平，父经商上海，岁必亲往省视，或奉母同往，长途跋涉，服劳惟谨"④。

不过，目前所见的商人将贸易方向转向上海之记录，都来自茶商。其他行业的商人似乎没有如此明显的表现。虹关（鸿溪）詹钰便是一例。詹氏墨业在苏州和广东等地皆有经营。"先世以墨为业，在各省者已遭兵燹，惟粤地仅存而耗久绝。公懼先绪之坠也，乃擎家游粤。甫至，已坏不可支。公为筹划一切，择人任用，藉其力渐有起色。"⑤ 他主要在咸丰、同治、光绪时期活跃于广东。尽管此后捐官担任巡检、典史等职，老年时仍然不忘告诫子孙，"先世以墨为业，根本在是"，希望后世能够"敬守之，勿坠先人志"，继续将这一行业在广州的经营保持下去。虹关詹氏的墨业，一直到20世纪30年代还在广州开设商号。据20世纪30年代定居于广州市永汉北路詹雨生呈文称：

> 昔年先人曾在广东省垣纠股设立詹同文笔墨店，兼营商业，当该时经营所入，尚足敷衍，自后外货倾销，日盛一日，天然墨、墨汁、墨水、自来水笔等相继而至，吾国原有之笔墨销路遂一落千丈，全年营业收入不及往年十分之一二，而广州生活程度既高于内地诸省，又负摊公债、缴纳捐税之责，店中人工薪给开支耗费等等，更高于往昔数倍以下。深如日以先人缔造之业，不

---

① 光绪《婺源县志》卷34《人物十·义行七》。
② 民国《重修婺源县志》卷42《人物十一·义行八》。
③ 民国《重修婺源县志》卷48《人物十二·质行九》。
④ 民国《重修婺源县志》卷33《人物七·孝友七》。
⑤ 《鸿溪詹氏宗谱》卷首《先大夫璞斋公家传》，光绪五年刻本，现藏于婺源县虹关村。

忍自我而绝，勉强支持，聊以维持先业，藉谋升斗之资……①

即便面临洋货竞争和国内的苛捐杂税，收入大幅下降，但詹氏墨业仍可在广州勉强维持运行。与茶业的剧烈变动相比，墨业遭受的冲击和损失相对较小。

不仅如此，仍有部分茶商留在广东。据20世纪20年代修成的民国县志载：中云人王云翔"生平好善嫉恶，广东李某闻其名，欲以大权付之，翔侦知李入日本籍，常改华茶为日茶，斥为卖国，遂严词拒绝"②。同书中，秋溪人詹瑞增事迹与之类似。"光绪间，日本讲求茶务，以重金聘增，增恐权利外溢，坚辞拒谢。"③ 詹瑞增的经商地不详，但这些例子都是甲午战争以来激发的反日意识之体现，从一个侧面表明了清末民国时期仍有茶商在广东活动。但是，与清代中叶的传记描述相比，几乎没有通过贸易获得成功、"家渐裕"之类的信息，境况恐怕远不如此前。还有一些徽商家族，早在19世纪初就在广州等地入籍定居，完全融入地方社会之中（详见下一节）。

因为徽商力量在广东口岸的衰退，1924年还发生了归原堂公产倒卖案。最早见诸报端的是在1924年3月22日，"讵一二野心辈及同乡中之不肖者，将归原堂公产，假报效政府之名，成其倒卖实。此事发生，业已月余，并已批准，出示招人投领。数处房屋，业已钉封，是拍卖之举，势所难免"④。可知盗卖案早在当年2月已经发生。而得知此事并将其公布出来却是上海徽宁同乡会。"该会为郑重起见，即致函粤港徽州同乡会，询问详情。"确认之后，他们随即开会并两次致电广东政府和孙中山。⑤ 此后，徽宁同乡会又详细陈述：

---

① 原件藏于婺源县档案馆。转引自何建木《商人、商业与区域社会变迁——以清民国的婺源为中心》，博士学位论文，复旦大学，2006年，第172—173页。

② 民国《重修婺源县志》卷42《人物十一·义行八》。

③ 民国《重修婺源县志》卷48《人物十二·质行九》。

④ 《粤省拍卖皖人公产之反响　旅港皖人要求沪会一致力争》，《申报》1924年3月22日第16版。

⑤ 《皖人力争粤省公产之电文》，《申报》1924年3月27日第14版、《皖人力争公产之又一电》，《申报》1924年3月29日第14版。

婺源先人来粤经商，已历数千百年，所置产业，日积月累，迄今已达十余万之多。因设有归原堂及同乡会馆，办理同乡公益，乡人莫不称之。今忽被同乡汪笑颜、程肖芝等盗卖会馆产业，交易已成，欵项亦为被两人吞没。此后旅粤同乡，倘有事务发生，直无团体可以援助。即此后骸骨，何以归下首邱？联想及此，有不愤恨真膺，无如孤掌难鸣、空言无补。①

　　这里点明了倒卖人的姓名，还指出归原堂仍有慈善机构的作用。但考虑到整个事件过程中没有见到广州婺源商人的行动，似乎只是经营重心转移到上海的婺源商人在通过多种渠道进行呼吁和抗议。次日，他们又以会馆是历史古迹继续呼吁："查婺源会馆，纯由婺人捐资建设，为一邑之公产。人民保有财产，载有约法，简人财人，且职以保有之权，况一邑之公产乎。馆中崇祀朱子，中华贤者，环球共仰，递加剥夺，殊非推崇哲学之心。该馆建筑宏丽，垂将百年，为游学旅殡之资，具有敬业乐群之益。过客游观，视为胜地，并无违法之端。忽有发封之举，尤非保存古贵迹之道。"② 一直到了半个月之后，才经由"粤皖要人柏烈武氏"得知更多细节。

　　该公产并非会馆公产，系婺源一县旅粤会馆中人捐资附设之归原堂公产。于民国四年，被值理俞鹤琴等六家私占。会经会馆值理方日林等控告失败，今依法律手续本无上诉之余地，但因公产私占，愤懑难平，遂于会馆开会，推举汪啸涯等为代表，呈请大元帅批交财政厅投变，指定为北伐第二军第二师师长杨虎招兵购械之用。产价不过毫洋三万元，无如近有一二捣乱，非婺源同乡欲瓜分产价不成，造作种种谣诼，希图破坏。不仅旅沪同乡闻之疑是婺源会馆公产，通电挽回，即在粤前敌同乡，未明真相者，亦纷纷来书质问，更有疑是安徽全省会馆公产，或谓新安六

----

　　① 《广东婺源会馆事之又一来电　本埠徽宁会馆定今日开会》，《申报》1924 年 4 月 2 日第 15 版。

　　② 《杭州·皖同乡电请启封粤会馆》，《申报》1924 年 4 月 3 日第 11 版。

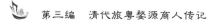

邑公产，如果是此项公产，吾当反对，岂敢暗哑无声，以贻人口实乎，尚祈台端转达诸同乡，万物轻信，致为人利用。①

如后文所述，归原堂的管理模式确为创办的十七人轮流负责并且可以世袭。再加上创办人多为茶商，早已转入上海贸易，归原堂的慈善功能能否持续尚未可知。因此，到了 1915 年便为私人霸占。直至 1924 年才引起徽商同乡会的注意。最终结果是"已卖之归原堂一部分产业，因原因复杂，实已无法挽回，其新安会馆及安徽会馆之产业，经徐、柏二氏之维持，可保不致再被人盗卖也"②。然而此后又有会馆坟地遭到地方政府迁葬拍卖的多次纠纷，时间持续到 20 世纪 30 年代。③ 由此可见，此时婺源商人群体的产业已经摇摇欲坠，只能依靠皖籍军政要人得以短暂维持。与 19 世纪中叶的盛况相比，会馆和归原堂自身的功能恐怕早已丧失殆尽，仅具有地产价值了。

---

① 《粤婺源会馆被卖之又一说 柏烈武复汪禹丞函》，《申报》1924 年 4 月 19 日第 16 版。这篇报道同日也被上海《民国日报》以"粤婺源会馆投变之真相"为题进行报道。

② 《徽宁旅沪同乡会第一届报告书·会务撮要》，上海东南印刷局 1925 年版，第 23 页。

③ 《粤新安会馆坟地卖卖案解决》，《申报》1924 年 7 月 6 日第 14 版。《各同乡会消息》，《申报》1931 年 6 月 8 日第 10 版。

第 二 章

旅粤徽商家族的社会活动

一 行为规范

商人长期在广东从事贸易活动，即便返回故乡，也多是采买茶业等商品，居家生活的时间是较为有限的。龙腾俞氏便称："吾家自事茶业，诸从父昆弟，大率半载居家，半载居粤。"① 如果经营状况不佳，还有滞留广东数年乃至十余年的情况。朱光娃"事亲善承志，家贫，负贩奉养，后贾粤东，岁必一归省"的例子，② 恐怕在当时旅粤徽商群体中不多见，故而每岁必归的行为被当作至孝的表现。

长时间的在外生活，商人的婚姻家庭也呈现出新的面貌。方志中就有不少商人在广东纳妾、继妻的信息。有将兄弟侧房接回婆源照顾的事例，如，程锡爵"贾粤东，家稍裕，益疏财仗义。发匪之乱，妻子寄粤，爵回婆省亲"③。洪钧泰"事伯兄惟谨，五弟早世，抚孀以礼，抚孤以慈。伯兄有妾在粤，泰往挈归，不耐蛮瘴，染疾卒"④。又如，胡承合"兄侧室暨幼孤滞粤，亲往挈归抚育"⑤。更多的是节妇的案例。胡承瑞妾梁氏"胡清华人，氏名凤，粤东女。年十九，瑞殁于家，梁在粤闻讣，急挈数月孤辉，随瑞弟归，哀恸欲殉"⑥。俞澄辉

---

① 《龙腾俞福涌公房支谱》卷 3《皇清诰封朝议大夫芙溪府君行述》。
② 民国《重修婆源县志》卷 48《人物十二·质行九》。
③ 民国《重修婆源县志》卷 42《人物十一·义行八》。
④ 光绪《婆源县志》卷 30《人物九·孝友六》。
⑤ 光绪《婆源县志》卷 34《人物十·义行七》。
⑥ 光绪《婆源县志》卷 48《人物十五·列女节孝六》。

继妻陆氏"粤东陆建立女，十八为奉直澄辉继室。孝事庶姑，抚前室子媳如己出。识书数，有钟郝风。年廿八，夫殁于粤，孤长六龄，次遗腹，扶榇归里"①。朱培栽妾杜氏"广东省垣女，名亚银，年十七，州同培栽纳为篷室，生二女，居粤。栽回婺殁，氏年二七，归婺守志，事嫡尽欢，鬻簪以训嫡子，守节廿年"②。俞永裔妻潘氏"名好圭，年二十九，夫殁于粤东，矢志茹荼，以侄承祧，婚教完备"③。洪文珠继妻黎氏"南海县黎阿福女……客居粤省。道光丙申，年十九岁，夫故，遗孤三龄，庶姑严厉，氏曲承唯谨，子与孙均入国学"④。仅见一例为正房。汪圣诚妻范氏"广东钦州启新女……生一子朝柱，诚旋病故，氏年二十，痛夫壮岁客亡，仅一乳哺孤，身死则嗣绝，且棺停异地，所亲莫知。乃具讣驰报翁姑，迨诚兄圣诵至钦，氏请于父，愿抱孤扶枢随伯还夫籍，氏弟承佑伴送抵婺。携孤拜舅姑毕，夫宅歹，遣弟归复父命，潜盥沐自经，年二十二岁"⑤。由此可见，相当数量的婺源商人在广东娶妻纳妾，融入地方社会，也有助于商业经营的开展。

　　还有不少婺源商人在外出经营的过程中为不良习气所影响，导致生意失败。因此，自觉抵制不良习气，端正行为规范，有义行史迹的商人，往往是文献记载中的楷模。俞禧（字作朋）就是一个典型代表：

> 粤东为其先人商贾地，以诸侄辈孤且幼，无可奈何，故往来岭海间。虽囊橐克斥，非其志也……当其初入粤也，年甫及冠耳。天下省会，所在繁华，粤为第一。两岸声歌，连络水次，远来大贾莫不左抱右拥，持粱刺肥，为长夜饮。而我婺之侨寓是地者，岁以千百计，予居家侧听，忽云某某挟某妓归矣，忽云某某狭狎某妓，资本荡然如洗矣。又不然，或老成持重绝少沉溺而携

---

① 光绪《婺源县志》卷48《人物十五·列女节孝六》。
② 光绪《婺源县志》卷49《人物十五·列女节孝七》。
③ 光绪《婺源县志》卷48《人物十五·列女节孝六》。
④ 光绪《婺源县志》卷51《人物十五·列女节孝九》。
⑤ 光绪《婺源县志》卷54《人物十五·列女烈节一》。

金巨万，则倏为某商吞蚀殆尽矣。明府居粤久而操愈坚，屡经颠踬，蹶而复起……①

　　龙腾俞氏族谱中还有不少强调广州繁华富丽而徽商简朴不染的个案。如，俞子嵩，"稍长，克自树立，贷资鬻茶，远贸东粤。粤为省会，繁华甲天下，凡商于是者，率染其习。嵩守赠翁旧布衣葛屦，晏如也"②。俞文炳，"粤俗甚靡，酒食游戏，声色之娱，常为估客所溺。君远之，曰：'无忝我父母'"③。俞光易，"治茶业，日必躬亲，无少懈。其往来东粤，粤俗繁华，毫无浪费，人咸重之"④。方志中也有一些相似的记录。如，俞起鸢"承父茶业客粤东，粤俗繁华，不为所染"⑤。张文烈"经商粤东，屏绝繁华，内无怨语，外无间言"⑥。汪大日"幼习举业，长承父志，售茶粤东，不沾市习"⑦。

　　实际上，作为经商之地的繁华都市有着无数诱惑，或因沉溺于狎妓而"资本荡然如洗"，或有数万资本"为某商吞蚀殆尽"。如何在徽州山村之外生活，适应新的城市环境，是徽商规避商业风险需要考虑的一个问题。抛开商人将赌博、吸食鸦片、奢靡风气带回徽州不说，⑧ 大量外出经商失败，便是沾染不良习气所致。正因为此类问题的广泛性和严重性，当时的俞镇璜"尝客粤，刊印《欲海慈航》数百本，为好游者戒"⑨，产生了专门规劝徽商端正自身行为的善书。因而笔者认为，商人传记中所宣扬的置于奢华之地而不染，他人彰显豪富而自身朴素的事迹，既受到端正品行的劝善箴言之影响，也折射出商人规避商业风险的心态。

----

① 《龙腾俞福涌公房支谱》卷3《受斋明府小传》。
② 《龙腾俞福涌公房支谱》卷3《德周赠公暨淑配余宜人合传》。
③ 《龙腾俞福涌公房支谱》卷3《岳斋赠翁暨配并嗣君家传》。
④ 《龙腾俞福涌公房支谱》卷3《光易公传略》。
⑤ 民国《重修婺源县志》卷42《人物十一·义行八》。
⑥ 光绪《婺源县志》卷40《人物十一·质行八》。
⑦ 同上。
⑧ 王振忠：《内陆の山岳地帯から港湾都市まで——明清以来広州貿易における徽州商人の活動》，载日本都市史研究会编《年報都市史研究》第18辑《都市の比較史》。
⑨ 民国《重修婺源县志》卷31《人物七·孝友五》。

揆诸实际，一方面，谋求财富的商人群体难免与奢靡之风相提并论。但另一方面，商人也积极从事公益事业。龙腾俞氏族谱有诸如《均和义仓叙略》等详细记录，均表明旅粤商人在祠堂建设、文会促进、赈灾救济等方面发挥了重要作用。而商人在公益事业的投资，在一定程度上也是为了建立和维持的社会关系网络，其中最重要的是家族和同乡关系。

二　由商从政

龙腾茶商俞禧除了在商场上不懈奋斗，"屡经颠踬，蹶而复起"之外，还利用广州信息的灵通，成功捐官取得功名。据说，"我婺万山中，讹传奏准截至，苦无邸报查闻，即藉他便，迅往粤东得实，急足归限，二十昼夜抵家属，部署赴选诸务"。正是因为消息获取及时，如愿捐得知县一职，"幸际新例，特出破格用人，使禧食肥衣锦，碌碌以终"[①]。可见，徽商在不遗余力地凸显自身"儒商"特色的同时，也努力抓住机会争取功名官职，与其宣扬的行为规范和价值准则一致。

虹关詹钰在广东的人生经历，也是由商从政之典型个案。[②] 他生于嘉庆二十二年（1817），死于光绪四年（1878），"以父兄早世［逝］，因持家政，屡遭寇虐，家产殆尽，债累且日深，艰于衣食，欲投笔从戎而不果"。詹钰主持家政之时，当为太平天国战争期间，社会动荡不安，"先世以墨为业，在各省者已遭兵燹"，难以维持生计，唯有"粤地仅存而耗久绝"。因此，他"惧先绪之坠也，乃擎家游粤"。初到广东时，詹家墨业"已坏不可支"。詹钰"筹划一切，择人任用，藉其力渐有起色。少有所得，即命季弟尽解祖债，产业亦迭为兴复。一丝一粟，与兄弟均，未尝稍自私"。可见，詹钰作为墨商，在复兴婺源商人在广东墨业的经营，发挥了重要作用。

不过，他并没有继续经商，而是"维内顾已纾，始登仕版，以期

---

① 《龙腾俞福涌公房支谱》卷3《书作朋传后》。
② 《鸿溪詹氏宗谱》卷首《先大夫璞斋公家传》。

一用"。以"候补"身份先后历任广东多地的巡检：连州朱冈巡检司、高明县三洲巡检司、龙川县老隆巡检司和博罗县苏州巡检司。还代理从化县典史。这些官职均为县以下的佐贰杂职，品级地位不高。"所至缺，多清苦，不得携家属，一僮一仆而已。署废未复，支葵编竹而居，手一编与邦人士讲学其中，事至则化解之。狱讼既稀，书役无以存活，劝之各归农贾。每一任终，羁所阒无人焉。"詹钰从事巡检司的经历，能够反映商人在从事基层行政所展现出的基本素养，也是我们探讨巡检官员实际运作细节的难得史料。

詹钰初任朱冈司，"人称廉明仁爱，于陋规不即裁革，曰：'裁革陋规，本是美事，第后至者不给，恐有甚于是者，是已邀清誉而遗人以恶名也'"。后为上司推荐至支应总局，"事烦款巨，不遑寝食，筹策详尽，俱当宪意，有以贿谋者，辄却之"。据同治《连州志》载，詹珏是同治三年任职，但仅担任一年，而同治年间该司官员都是每年一换。① 朱冈巡检司在连州东陂，是地处交通要道的盐运商埠。"上通湖南永道诸县，下联县城，商旅云集，商业颇为繁盛。清同光间，专业引盐者有二十四号之多，其余各行商业亦颇发达。"② 詹钰从事的支应总局，在连州晚清民国的方志中没有记录。结合东陂的实际情况，应与盐运有关，符合巡检司对商埠交通的管理职能，也能发挥詹钰此前经商处理钱款收支的特长。

在三洲司任上时，发生了"客家闹粮"事件。高明知县遂命詹钰前往处理，双方展开问答：

> 问："需勇几何。"公曰："无须，若带勇，事坏矣"。即日带司属丁役数人往至，则各陈兵器汹汹然欲动已。公谓前驱者疾驰。客家望见舆盖，轰传勇来，将发枪炮。及知为司主，迎入厅事，公正坐问曰："本分司奉宪命，敬问父老何为欲械

① 同治《连州志》卷5《职官·朱冈司巡检》，《广东历代方志集成·韶州府部》第13册，岭南美术出版社2009年影印版。

② 民国《连县志》卷3《人文志二·商业》，《广东历代方志集成·韶州府部》第13册，岭南美术出版社2009年影印版。

斗？"曰："非敢械斗，粮站贪虐不堪，聊自卫耳。"公曰："悟矣！器械所以防贼，非可以抗官。胥役奉公征收，朝廷之法也。如其奉行不善，朝廷亦自有法在，胡不赴有司？尔等族处世居于此，日守田园，早清国课，为朝廷好百姓，何乐如之。乃逞一朝之愤，以至祸害不测，计亦拙矣。为今之计，速撤器械，往还钱粮。如虑胥役不公，则本分司现奉命在粮站，若有所诉，决不曲徇。"众皆顿首无辞。公居粮站月余，俟征收毕，乃复命。

光绪《高明县志》载称："詹珏：江苏吴县人，（同治）七年任。"① 这里的籍贯并非安徽婺源，而是苏州吴县，应是虹关詹氏长期在苏州经营墨业并在当地落籍。高明县土客冲突极为严重，在同治七年十二月彻底肃清，"虽深山穷壑，如五坑香山，非无客民，然皆株守田庐，多依土著，习尚相安无事矣"②。詹钰正是在同治七年上任，此时土客的武装冲突已经开始得到控制，故而能够顺利地避免械斗，处理钱粮征收环节的矛盾。詹钰不带兵卒前去客民聚落，显然是对当时局势有充分的了解。而巡检司通常是没有征收钱粮的职权的，只有个别代收的情况。③ 此时，巡检司坐镇粮站，也是临时举措，旨在弹压胥吏弊端，显示征粮过程的公正。从中同样能体现出詹钰对于钱粮征收具有一定的才能。

在苏州巡检任内，曾遇到"饥民压博罗境滋事，人心惶惑，郡宪摇动"的危险情况。

县宪驰函，嘱公开厂设赈，且以所招壮勇听候指挥。公覆之曰："今年岁非大凶荒，不过青黄不接，为时无几，不足虑也。然官赈之命切勿外扬。盖民自相济，其利无穷。官独设赈，其惠

① 光绪《高明县志》卷5《职官·同治朝巡检》，《广东历代方志集成·肇庆府部》第30册，岭南美术出版社2009年影印版。

② 光绪《高明县志》卷15《前事》。

③ 胡恒：《皇权不下县？——清代县辖政区与基层社会治理》，北京师范大学出版社2015年版，第141页。

有限。近已劝捐设厂，若闻官赈，必俱推诿。至力不继，事转难测。壮勇但陈之近地勿来可也。"乃手书告示驰役往宣以威德，喻以清理，命静候赈，乃召绅士劝之各处设厂，使饥民分班就食。时大宪颇虑之，县宪禀曰："有詹巡检在彼，必无事。"未几，果散去。由是，上宪俱悉公能。

此案例及前述朱冈革除陋规的事件中，詹钰都表现出处理社会问题的老练。他并没有积极革除陋规，显示自身的锐意进取，而是考虑到陋规革除所带有的不彻底性。一旦改变了长久形成的秩序，也许能博得一时的赞誉，但对于后人未必是件好事。对于大批涌来的灾民，他充分认识到民间社会赈济的巨大潜力。如果急于公开推行官赈，那么已有的民间粥厂等机构"若闻官赈，必俱推诿"。因而，他"召绅士劝之各处设厂，使饥民分班就食"，官府仅发挥宏观控制的功能即可。最终，灾民有序地得到赈济，避免了动乱的发生，维护当地社会的稳定。

上述事例都体现了詹钰对地方社会运行和钱粮收支的熟稔，在相当程度上得益于墨商家族教育和经历，这使他在多个巡检司任上都取得了一定的政绩。退出官场之后，詹钰仍告诫子孙："子弟读书，原期明理。至功名富贵自有命，在修身以俟毋须强求。少年意气，每不屑问谋生事，不知衣食不足即使显达，亦未免名利？心安能进退裕如？如先世以墨为业，根本在是。予一行作吏，不复能持理，尔敬守之勿坠先人志"，仍然将墨业视作家族之根本。

三 入籍定居

如前节所述，包括詹世鸾在内的婺源茶商主导了徽州会馆的建设和管理。尽管在光绪《婺源县志》中所载旅粤的庐源詹氏商人仅有一人，但该家族早已在嘉庆年间入籍广州府南海县。据近代著名铁路工程师詹天佑于光绪十年（1884）开始撰写，此后一直到1948年陆续增补的《徽婺庐源詹氏支派世系家谱》（以下简称"詹氏支谱"）记录，① 可以展示出庐源詹氏支派逐步在广州定居的过程（见图3—2）。②

图3—2　广州西关的詹天佑故居

照片来源：2017 年 6 月 24 日笔者摄。

詹万榜（字文贤）是该家族赴广东经商的最早记录。詹氏支谱载，"公始来广东贸易"。生于乾隆乙丑年（十年，1745），死于嘉庆乙丑年（十年，1805），共生有一子二女，长子即为詹世鸾。据此后的入籍申文称，詹万榜早在乾隆二十五年（1760）便来广州营生。那么，当时他仅有十五岁，可能先作为学徒，参与同乡的贸易。到了詹世鸾一代，詹氏家族在广州的经营开始有了长足的发展并定居下来。

---

① 《徽婺庐源詹氏支派世系家谱》，清末民国时期手抄本，广州市荔湾区地方志办公室藏复印件。

② 对于詹天佑籍贯问题的争论中，已经发掘出"詹氏支谱"并初步解读。如胡文中《詹天佑籍贯、出生地之我见》，《广州大学学报》1999 年第 1 期。本研究主要将这一谱牒史料置于清代婺源商人在广州经营、定居与入籍的整体过程中进行考察，无意对詹天佑本人的籍贯归属作出判断。

詹世鸾，官名詹鸣珂，字鸣和，号佩庵，生于乾隆壬辰年（三十七年，1772），死于道光己亥年（十九年，1839），"继父业分居广东省城"。他一生共娶妻四房，生子十二名，生女十名。如此之高的生育率与他的婚姻经历有一定关系。和他的父亲一样，詹世鸾先是在婺源老家与段莘汪再姑成婚，乾隆乙卯年（六十年，1795）长女诞生，次女直至1810年才出生，均居住在庐源，并未带到广州居住。他在广州先娶了祖籍顺德、迁居广州西门外的朱熙姑，生有二子二女。长子詹兴甲于嘉庆庚申年（五年，1800）出生，与婺源东乡荷田方氏联姻。1801年、1804年又先后生了两个女儿，她们成年后都在婺源成婚。次男于1805年出生并送回庐源，而朱氏却在1806年不幸去世。此时詹世鸾仍对婺源有较高的依赖，仅仅将长子留在身边。

几年后，詹世鸾娶了三房——广州西门内的高观庆。她育有七子，分别是第三（1813年生）、四（1814年生）、五（1816年生）、六（1816年生）、八（1820年生）、十（1822年生）、十二子（1825年生）。又育有五女，第五、七、八、九女分别在1809年、1823年、1824年、1826年出生，第十女出家，未有出生信息。这些女儿的婚配对象都是广东人。詹世鸾的四房则是广州太平门外的杜细姑，给他生育第七（1819年生）、九（1821年生）、十一子（1823年生）共三位，1816年生第六女，婚配对象同样在广东。三、四房所生十子的婚姻信息都显示在广东顺德、南海、番禺一带。从后续的联姻地域范围可以发现，詹世鸾的这两房子女出生后不再送回婺源，而是完全融入广州地方社会。这一时间节点大约是1808年。长子也于嘉庆二十五年（1820）成功入籍南海县。詹氏支谱抄录了入籍禀状全文：

> 具禀人童生詹钰，年二十一岁，现住西门外十二甫地保陈成。
>
> 具状文童詹钰，为沥情叩恩、批准入籍事。窃童祖詹榜，原籍安徽婺源县人，自乾隆二十五年来广东省垣营生，因擎眷来粤，为童父鸣珂娶治属朱姓之女为室，生童等兄弟。嘉庆五年，置大北门拱宸坊屋居住。是年祖父母身故，葬北门外纱帽冈。童

母于嘉庆六年身故，葬北门外飞鹅岭。迨嘉庆二十一年，迁居西门外十二甫，自置房屋。计自故祖居家粤城，今逾六十余载，庐墓产业，在在可据。丙子年修造南海学宫，童父捐银一百员，众绅士经收单据。兹童肄业多年，观光志切，惟是生斯长斯，从未施籍，人事生疏。徽粤远隔，委寔不能往徽应试。窃在治属居住，远年祖孙父子已成四代，所置屋业，契经投印，庐墓俱全。具有叔祖詹文光已入南海籍，现补前山营，外委可据。理合取具保邻甘结，并将庐墓契据抄粘匍叩仁台，俯念童籍不能归，寔是治下子民，恩准入籍考试，顶祝切赴。

嘉庆二十五年十一月初三日状

根据前文的提示，可知詹钰就是朱氏所生长子詹兴甲（字作鳞、号受轩，学名锡禧），获得附贡生的身份。他出生的嘉庆五年（1800），詹世鸾才在广州城大北门置业居住。不过，禀文所称的祖父母和生母去世时间，与族谱记载不吻合，有待进一步详考。嘉庆二十一年（1816）詹兴甲开始迁居西门外自置住所。嘉庆丙子年（二十一年，1816），詹世鸾还为修建南海学宫捐银一百元，不仅显示了经济实力，也为后代子孙入籍参加科举考试奠定了基础。县志亦称，他"殁之日，囊无余蓄，士林重之"①。因此，他们很快就获得了南海知县的批文："侯传邻保人等讯夺情寔，仍将印契携带呈验粘抄附。"同年十一月廿八日，詹家"携同地保陈成、邻佑林国珍等，并粘连庐墓各契，前赴仁阶，乞查验准"，共计上交契约四张，以及保邻结二纸、学宫收单一纸。由此获得入籍资格，知县批文曰："查核年分及各契与例相符，准尔入籍，仍侯移明原籍知照，契发送结，收同收单存。"于十二月初五日发出移文，告知婺源县，正式入籍。

同治五年（1863），詹家还应南海县捕属的要求，填写了族单：

南海捕属 保籍绅士冯肇元

---

① 光绪《婺源县志》卷35《人物十·义行八》。

詹姓名钰，始祖鸣珂，阖族男丁七名

报氏族单，分填二张，一张交采访使报局，一张携同男丁银数缴到双门底上德昌银铺，给回收单，报局验照。　已收银（此三字是红色印）

同治五年九月初三日南海捕属采访局报单（此九字是红色印）

书字第十号（此五字上有红色挂角图章）

单据上的"阖族"只是詹兴甲一家的男丁数量。他共生有五个儿子，但有三位死于道光、咸丰年间。长子、次子在此时均已育有一子，三子育有二子。因此，祖孙三代共计七名男丁。长子詹天嗣"现开杉木栅，汇源铁店，家第七甫水脚"，继续在广州从事商业贸易。

四　慈善组织

随着大量婺源商人参与广东口岸贸易以及长时间的停留，也有不少人客死异乡。作为同乡会馆的附属慈善机构"归原堂"，也随之建立，成为旅粤徽商的重要机构。方志传记中有诸多婺源商人积极兴办的记录。汪口人俞镇连"尝在粤与同志创归原堂，购地瘗骸旅殁者，五年一归榇，至今是赖"[1]。龙腾人俞其澍，"尝游粤东，率同志倡建归原堂，施棺运榇"[2]。俞铺，"在粤倡建归原堂，捐赀置产以归乡人之客死者"[3]。思溪人俞瑞元"尝在广东襄造归原堂，掩埋泽枯"[4]。官桥朱文炽"在粤日久，见同乡旅殁者多，不能归葬，爰邀同志捐赀集会，立归原堂，限五年舁枢给赀，自是无枯骸弃外者"[5]。朱文煊"在粤八载，凡徽郡流寓，不能归者，概给路费十金，士人倍之。每

① 光绪《婺源县志》卷34《人物十·义行七》。

② 同上。

③ 同上。

④ 同上。

⑤ 光绪《婺源县志》卷35《人物十·义行八》。

岁不下二百余金。乡人殁在粤者，众商敛费立归原堂，首输千金，购地停棺五载，给资归葬"①。鸿川人洪启煜"贾于粤，偕同志酿资立归原堂，以归同乡旅榇"②。以上共有七例，以俞姓居多，又有朱、洪二姓。而据县志记载，"归原堂义庄：在粤东省垣。道光四年，俞冠芳、齐大成、俞德隆、俞玉馨、洪长馨、俞瑞馨、俞兴泰、朱凝芳、汪高源、俞冠英、詹万孚、滕碧孔、俞广绥、俞霖馨、董春园、俞寿熙，集银一千六百两，建造置产生殖，以为桑梓棺殓盘运及岁暮恤贫之资。又广州府知府汪忠增捐银一百两，扩充善举，并据情立案，移知沿途府州县，以利遄行。又光绪元年，于南海属之高岗广建一所，计税三亩二分二厘八毛一丝八忽"③。参与归原堂建设的有十六人，共捐出1600两，另有广州知府捐银100两，共计1700两。

不过，定居广州的詹氏支谱记载有所不同，也更详细：

道光四年起创。世鸾公捐银同众乡亲设立一义会，名"归原堂"，在广东设立义庄义山。如有同乡之枢，入庄停棺，义山埋葬，不用钱银。如同乡穷苦之人身故，议送枢金银十元。迨至咸丰年间，众会友议再加添送枢金四元，共送实银九两八钱正。如若不愿在广东葬者，议以十年一运，到家乡交回亲属自葬，运枢盘费会内捐银。另咸丰年间设立送度岁银，与同乡之穷苦人，每大丁送银一大元，小丁银半元。每年十二月廿六日支送。会内各友之后人管理，别人毋得干涉银数。

始创会友芳名列：

俞冠芳一份、俞德隆一份、俞玉馨一份、俞兴泰一份、洪长馨一份、余林馨一份、俞冠英一份、滕碧乳一份、俞瑞兴一份、朱凝芳一份、俞广记一份、汪高源一份、詹万孚一份（即世鸾公）、齐大成一份、俞寿熙一份、董春园一份、汪忠增一份。共十七份，每份捐银百两。

① 光绪《婺源县志》卷34《人物十·义行七》。
② 光绪《婺源县志》卷39《人物十一·质行七》。
③ 民国《重修婺源县志》卷8《建置十·冢墓·归原堂义庄》。

支谱认为，归原堂是同乡会馆下设的一个"义会"，并宣称詹世鸾是发起者之一，并在十七人捐资名单上专门标出了他的份额。名单所显示的当为拟制名称或商号。对照方志与支谱的捐资名单，广州知府汪忠增在谱中也被视为会友，并没有专门标出他的身份。而其他商人姓名中也有些许出入。方志载为"俞霖馨"，而支谱作"余林馨"；方志为"俞瑞馨"，支谱则为"俞瑞兴"；方志为"俞广绶"，支谱记为"俞广记"；方志载"滕碧孔"，支谱作"滕碧乳"。这些差别，多为同音所致，也有个别为字形相似。

　　支谱记载的归原堂创建伊始之信息，为方志所无。该堂的规例随着时间有所变化。其中提到，对于不愿在广东下葬的同乡，是"十年一运"送还故里。但方志所载俞镇连、朱文炽、朱文煊等人传记却载为五年一运，可能是光绪时期的变化，将运棺时间间隔压缩。此外，归原堂不仅承担棺柩的保管、下葬和运输，还针对旅粤同乡中的穷困人士，设立"送度岁银"，定期进行资助。

　　此外，归原堂还规定"会内各友之后人管理，别人毋得干涉银数"，即"会友"应为世代承袭，成为各自家族可以继承之物。詹氏支谱还收录了一则启文，记录了家族内部对于归原堂管理报酬的争夺与协调。将全文移录如下：

　　　　启者。我詹家三十九传十二房，长、二房在徽婺家乡，第七房分枝往粤东阳江，其余九房，现在粤东省城居住。先祖考世鸾公，于道光四年在粤省徽州会馆仝列乡亲，创建一义会，名归原堂。众会友公议："每份设正司事　人，副可事一人，出身办理公事。正、副司事每人每年修金十二大元。前所议每份司事之修金，内出回拜归横沙、长洲二者山费用银三大元，余银系年老至诚者，出身往会馆司事者得。"已有廿余年矣。自光绪十四年父亲当正司事，则以此例利归于一人。其各宅子孙不占一文，似乎不公，令再议新例。二份除拜山费用外，尚有十八元，二房系当年司事不计，其七房每年得银每房一元，作为拜扫私伙山坟之用。余银十一元，正副司事均分，作为出会馆办理衣服鞋袜之用。前两年副司事之九元，系九伯父自用，正司事之九元，应父亲所得，令自愿不取，留为修老山之用。今已两年，共存银十八元，暂贮在十一宅。如修山之日，即递来不误。自十四年起，其正司事之修金，除三元拜山用外，尚有九元，父亲自愿开新例，即送各七房，每房一元。余银二元，自取为出会馆司理鞋袜之用。其副司事之九元，长交与九伯父自用，因他年老困苦也。倘日后九伯父、父亲百年之后，不得将此二份传子孙。任从公举至诚建衣服鲜明者，方得充补司事，以免各会友耻笑贻羞先人也。今将本年各房得银者，开列于后。

三宅天谟一元、四宅天诏兄继一元、五宅天诘兄一元、六宅文炳侄继一元、八宅天诒兄继一元、十宅天本兄继一元、十二宅文炳侄继一元。

其九宅、十一宅侄当年司事，不在分内。如将来输与别宅当司事，九宅、十一宅方得分也。永以为例。

光绪十四年正月十一宅启

参与创建归原堂的十七个"份"轮流充当正、副司事，赴会馆负责每年得归原堂管理事物，并且每位司事可以得到九元的报酬，即"修金"。光绪十四年（1888），轮到詹氏家族担任正司事，由长房负责，而二房在前年已担任副司事。但在广州的其余七房却认为他们的收益没有共享。因此，所得共计十八元，七房各得一元，用于祭扫各自祖先坟山。剩余的十一元，由正副司事均分，作为处理公务的补贴。詹氏支派内部还确定新的条例，今后正司事所得九元，分出七元交给各房祭扫，两元自留补贴；副司事的九元报酬，交给九伯父，用于赡养贫困老人。长房和九伯父去世后，不得承袭，交由族内的新任司事管理。如此一来，归原堂的报酬收益也转化成族内的公益补贴。

结　语

关于广州徽商的大致面貌，已由诸位前辈学者的研究大致确定，其史料依据主要是地方志中的人物传记和商编路程书。而徽州，尤其是婺源县谱牒中大量的徽商传记，使用者寥寥无几。本研究尝试进行系统搜集和整理，在细节上丰富、修正我们的已有认识，进而形成一幅徽商在广州经营活动的全息图景。

广州作为海上丝绸之路的重要港口城市，在对外贸易交往过程中，也对内陆地区的社会产生了重要的影响。以徽州商帮的地域构成为例，明代徽商早已兴盛，但代表是歙县的盐商和休宁的典当商，包括婺源在内的祁门、黟县等周边县份，主要经营木业等山林经济产品。随着清代前期广州"一口通商"的贸易格局的形成和丰厚利润的吸引，带动了婺源县商人的转业，从而导致徽商内部势力的变动。

18世纪中叶以后，开赴广东的婺源商人以贩运茶叶、瓷器为主导，适应了口岸贸易的需求。经过长期的经营，婺源商人形成了具有显著乡族特征的利益群体，并逐渐与各色社会群体结成一定的关系网络，较为有效地应对各类商业风险，推动了广东口岸贸易机制的完善。但是，随着近代商业危机和五口通商开放，绝大部分茶商将贸易重心转向上海。墨业伴随茶业和瓷器业进入口岸贸易，但较之其他行业，在广东经营的持续时间可能是最长的，受到的冲击也相对较小，因而直至20世纪30年代仍在坚守。行业表现的分异，恰恰表明了旅粤婺源商人群体的鼎盛期和转移期都具有明显的外力拉动之特征。

在商贸的基础上，形成了数间会馆和慈善组织，进一步保障了商业经营，加强了商人的人身保护。依附于会馆的归原堂，被视为徽商及其他参与人士共有的世系财产，形成了较为独特的运行机制。但在近代产权纠纷中，被旅沪徽宁同乡会视作公产的一种，发起了声势浩大的追讨运动。这一现象还能表明，即便徽商主体已经转入上海，但形成的贸易与社会网络传统依旧存在。这还表现在，有相当数量的旅粤商人在广东娶妻纳妾，生育繁衍，并最终入籍定居，詹天佑家族便是其中的典型代表。

附录 《婺源县志》所载旅粤商人传记汇编

姓名（字、号）	地点	事迹	出处
江廷仲（字怀友）	谢坑江村	家贫，贩布为业，尝至庐坑村外亭内拾得遗金百余两，并银票为数甚巨。候至日暮，无人来问。明日复往，坐候下午，始有广东人策马来询之，属实，尽还之，不受谢。其人谓曰，他日幸至粤，问"谦和昌"即可。相遇后，布业失利，赴粤东访其人，谓前款已设木行，作两人合，请仲经理。数年，遂致巨富	民国县志卷42《人物十一·义行八》
潘廷珪（字企新）	豸下	豸下监生。早失怙，事父孝。父殁，商于粤，家稍裕。构庐与兄弟同居，老不异爨。凡修造桥路皆乐输。七年二月，贼警迫，聚丁壮与潘开骥等御之于银鞍岭，力竭死之	光绪县志卷21《人物五·忠节一》；民国县志卷25《人物六·忠节一》
朱培滩（字泮泉）	官桥	八品议叙，官桥人，幼多力，能举数百斤，尤精武艺，善使双刀。尝从父贸易粤东，归遇盗，举刀拒，毙三人，余盗逃去。是年督团击贼，贼败退，旋以大队围之，阵厚不得出，遂被执，倒悬而死	光绪县志卷22《人物五·忠节二》；民国县志卷26《人物六·忠节二》

续表

姓名（字、号）	地点	事迹	出处
詹鼎（字镇坤）	庆源	从九。善书画，家贫，随父贾江北。暇则观书史，喜道古今忠烈事。晚之珠江无所遇，归授徒。春遇贼，被执，不屈死之，年八十五	光绪县志卷23《人物五·忠节三》；民国县志卷27《人物六·忠节三》
程元（字会之，号仁山）	城西	庠生。以父常客粤，母丧明，不欲违左右，遂绝意进取，丁外艰如礼。室亡，事母益瘁，尝躬亲饘饘瀿涤事。自幼能诗，善属文，长益肆力于六经，考据郑孔诸家，而理主程朱，深会孟子性善之旨。以七篇惟井田、封建与周官王制不合，折衷于一是，以训学者。著有《孟子讲义就正编》各若干卷	道光县志卷18《人物七·文苑》；光绪县志卷25《人物七·文苑一》；民国县志卷34《人物八·文苑一》
朱廷杰（字植庭）	严田	郡庠生。中年务茶业，偕弟占春远赴东粤。弟殁，视侄如己出，训诲恒严。为人刚毅，对家人言笑不苟。司理众事，祠垣基址被邻侵占，赖诉于公始获存。乡里有争讼，直言排解，人皆服其明决云	光绪县志卷26《人物七·风雅附》；民国县志卷36《人物九·黉彦》
俞培基（字尔昌）	思溪	附贡生，四赴棘闱不售。因父年老，就贾于粤，闻寇扰婺，急买舟归。至彭蠡舟覆，赖渔舟救免。基仅一子，被掳，及抵家，子亦逃归。晚年陶情诗酒，寄傲山水，乡人重之	光绪县志卷26《人物七·风雅附》
程邦灿（字启明）	高安	捐职从九，高安人，兄弟五，父常以不能婚教为忧。灿体亲志，克自树立，服贾粤东，获奇羡，悉归父母诸弟。授室后，各畀生业，协力持筹，家业日起。父见食指繁，命析箸，灿请缓，率弟建家祠，始议分。弟欲拨公产以酬，坚不受。推让之谊，无间人言。以子文桂诰封奉直大夫，志熊、鹏南俱列庠序	道光县志卷20之三《人物九·孝友四》；光绪县志卷29《人物九·孝友四》；民国县志卷30《人物七·孝友四》

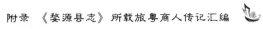

续表

姓名（字、号）	地点	事迹	出处
戴光荣	长溪	国学生。长溪人。有至性。年十二，父病薄暮，走二十里叩医门，医异之，即夜至，疾获瘳。祖母老而瞽，光荣为之相左右无方，甚得欢心。伯乏嗣，父命承祧。迨析箸，两弟以兄绍伯后，产宜得半，固不受，卒均为三。弟趁与粤，折本归，忧成疾，荣弃己产代偿之。其他卜泉台①、修族谱皆知所重云	道光县志卷20之三《人物九·孝友四》；光绪县志卷29《人物九·孝友四》；民国县志卷30《人物七·孝友四》
吴珙（字瑞云，号存恭）	赋春	太学生，赋春文林郎、贡生笙长子，庭训甚严，少即绳以礼度，入塾甫三年，四子书已究大义，书法端楷，无柔媚态。嗣因苦贫，力穑常有兼人之劳，归或食以杯豆。母怜珙太苦，对曰："弟幼，恐无以活母。"泪下。后佐父商业，浸裕。平生正直，人不敢干以私。言笑不苟，见者惮焉。母没，事继母如所生。比再继母有意督过之，珙不自白，事之益诚。母感悦。既析产，弟球商粤，资大蚀，将偿以田。珙恻然，给以所存众产，弟业不落。有豪右某夺舅氏墓，争之官。珙家皆直，舅理同祖，昆弟多被逮，杻丁索金。珙身任，独以己产偿。常恨学未卒业，严课后昆。子鲲既游庠，犹命肄业郡城。鲲志益厉，至咯血不辍学，弥遂有文名，惜赍志没。今其孙宪文嗜学，登科甲，德报盖终不爽	道光县志卷20之四《人物九·孝友五》；光绪县志卷29《人物九·孝友五》；民国县志卷31《人物七·孝友五》

---

① 民国志作"卜先茔"。

姓名（字、号）	地点	事迹	出处
俞镰（字崇远）	龙腾	鹏万子，年十四，闻父在粤东病，驰往省视疗治，病得痊。后随父服劳奔走，不有私财。同母弟兆清及庶母弟昌祜、昌禧怡怡友爱无间言。祜死未育，以兆清次子绍祜祧。祜妻程氏守志维持，慰抚之。父老疯疾，镰亲侍尝药数年，忧悸骨立，竟先父而殁。先是族祠倾圮，镰承父志，首捐二千金倡建。其于义渡、茶亭、桥路尤多乐输焉。诰授朝议大夫	道光县志卷20之四《人物九·孝友五》；光绪县志卷29《人物九·孝友五》；民国县志卷31《人物七·孝友五》
石滨贡（号让斋）	城西	监生。少食贫服贾，甫长，拮据任家政，菽水承欢，家渐裕。父母相继没，奉养祖妣祝，问安视赡无少懈。请旌节以阐幽光。本生祖曰世芳，客粤东，迎归就养，伯父光彝父子早卒，孤侄瑞乾幼弱，赁屋以居，昏之教之，既而捐租奉光彝木主入祠。瑞乾又卒，复恤其嫠与孤。先世均厝浅土，卜兆以葬。捐千余金为族倡建书塾、置膏火，其孝思不匮如此。居恒，布衣蔬食，恂恂不能言。遇邑有美举，亲故缓急不惜倾橐以助焉。子渠廪贡生，经国学生，孙麟入邑庠	道光县志卷20之四《人物九·孝友五》；光绪县志卷29《人物九·孝友五》；民国县志卷31《人物七·孝友五》
俞瑞璠	思溪	贡生，思溪人。性愉婉，得二亲欢。客粤，闻母疾，昼夜奔驰三千里，半月归，不自知疲。侍药累月不解带，居丧如礼。友昆季无间，二弟瑛殁，昏诲孤侄成立。五弟瑄又殁，无子，抚其女，归妆逾己女，旋立瑄嗣。终老四世同爨，闻者慕焉。其他恤孤弱、赒贫老，动辄推恩，多美行。邑侯孙额以"孝友兼隆"	道光县志卷20之四《人物九·孝友五》；光绪县志卷29《人物九·孝友五》；民国县志卷31《人物七·孝友五》

续表

姓名（字、号）	地点	事迹	出处
潘文炎（一名应棠，字于南，号桃涧）	犭峰	犭峰芹子。幼醇颖，就塾受孝经即解大旨。晨夕必归省，雨雪无间。尝郡试得上列，忽梦母疾，即罢试奔归，日行百数十里，母果病笃。炎侍药扶持，逾月瘳。甲戌秋，炎病垂危，恍惚见亡弟谈告曰双亲赖养，神赐兄龄，三日必瘳，果验。后母没，事父益挚，寝必同衾，居丧三日，水浆不入口，哀毁骨立。服阕，商粤，归舟中展所市货，过赢者五十金，急挽舟返其赢。尝于本里船艚山倡建文昌殿、造书塾，又尝遍葺祖茔、修桥亭，所举皆征至性	道光县志卷20之四《人物九·孝友五》；光绪县志29《人物九·孝友五》；民国县志卷31《人物七·孝友五》
俞镇璜（字礼修）	汪口	国学生，汪口人。性纯笃，幼读书，以能诗称长。因家寒，弃儒就商，以资菽水。事亲诚恪，父母年逾八旬，色养无间。事诸昆如父，不以才智自矜，友爱至老弥笃。卜先人宅兆，不避艰险，精择形。家书手录一编，贻后服属。有负璜重资者，坦然让之。尝客粤，刊印"欲海慈航"数百本，为好游者戒。子起蛟郡贡生，孙建钧邑庠	道光县志卷20之四《人物九·孝友五》；光绪县志29《人物九·孝友五》；民国县志卷31《人物七·孝友五》
腾焕燃	云圻	云圻人。职员。昆季六，燃居讠。少业儒，嗣见亲老弟弱，不忍伯兄独劳家政，商丁粤，举家胥仰给焉。父母见食指繁，悯燃劳顿，谕析箸者再三。燃始跪泣从，推肥受瘠，月朔望奉亲堂上，率子侄罗拜，亲手调羹，叙天伦乐，始终不怠，丧祭如礼。其他义举未可尽述。以孙希甫贵，驰赠奉政大夫	光绪县志卷30《人物九·孝友六》；民国县志卷32《人物七·孝友六》

续表

姓名（字、号）	地点	事迹	出处
程启诜（字郊芳）	城西	监生，城西人，盐大使绶长子也。生有至性，六龄入塾，晚辄随父问书中疑义，恂恂然。长依膝下，年十七，母汪氏殁，绝食饮者三日。父曲谕之，始进糜粥。后承父命，弃儒服贾，或江右，或岭南，一月中，音问必再三至焉。道光十年秋七月，叔缙光往粤，父命随行送之，曰："汝侍叔如侍余，余尚善饭，勿苦念余也。"时父故无恙，至冬十二月，遭疾而殁。次年正月，诜在粤闻讣，惊痛而绝，绝而复苏，遂徒跣奔丧，终日涕洟，食不下咽。叔在途再三训谕，终不能解。以三月朔日抵里，匍匐丧次，抱棺号泣，约片时许便昏晕扑地，家人环救已泣汗交下而没矣。见者闻者率皆挥涕，以为真孝子焉。道光十三年奉旨建坊	光绪县志卷30《人物九·孝友六》；民国县志卷32《人物七·孝友六》
詹元檀	庆源	庆源人，心儒子，兄弟五人，檀居长。父贷金数千，贩茶于粤，有同寓某自称桐城某宦裔，通乡谊，瞰儒重金，诳之去。儒愧金尽，作书与檀诀。时檀甫成童，得书号痛，潜往粤，奉父归。嗣将家产解逋，仍短千余金。父往乐邑业岐黄，檀授徒，与妻曹氏日啜粥，而奉母以甘旨。阅入九年，檀先后为诸弟完婚，父年老，自乐归，卒，檀祭葬如礼。生子五，能继志，清还宿债，年六十二而终	光绪县志卷30《人物九·孝友六》；民国县志卷32《人物七·孝友六》

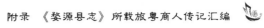

续表

姓名（字、号）	地点	事迹	出处
俞泰曾（字允修）	汪口	少孤贫，竭力事母。壮游于粤，家渐隆。伯兄大璋以副贡得教习，留京多年。泰常邮金以助。及出宰河南，复为部署一切，旋卒于官，归旅榇，恤孤媚虽劳费，弗顾也。厚待季弟，推肥受瘠，有薛包风。至修祠宇、建义仓，种种善举，皆为至性所推。贤孙德林，咸丰壬子举人，曾孙庆椿邑庠生	光绪县志卷30《人物九·孝友六》；民国县志卷32《人物七·孝友六》
洪启炜（字辉南）	鸿川	州同衔，鸿川人。父中岁丧明，炜肩家政，抚四弟教养备至。商于粤，有羡余，赞父以成义举。析箸让肥居瘠，有薛包风。父殁，养母必率弟侄等合食，以娱亲志，年近花甲，爱敬不渝	光绪县志卷30《人物九·孝友六》；民国县志卷32《人物七·孝友六》
胡家报	清华	父目盲，扶持弗懈。嫡母病，刲股。生母病，又刲股。兄贾粤东，父命之随，年余忽心痛，亟归见父棺，大恸几绝。罄产偿兄债，穷困终身无怨言。年未四十卒。子三，均早逝，乡人悼之	光绪县志卷30《人物九·孝友六》；民国县志卷32《人物七·孝友六》
王圣宝（字国珍）	梅源	贡生。幼歧嶷，长贾粤，岁晚则归省。一家七十余口，同爨七十余年。恒以先茔为念，登田卜吉，毳蠢不衰。道光间，捐积谷三百余石，凡遇善举必资助，延师隆礼。大学士曹赠曰"硕望娱亲"，邑侯丁赠曰"杖乡萱茂"。子则虎附贡生①	光绪县志卷30《人物九·孝友六》；民国县志卷32《人物七·孝友六》

---

① 民国志增补"孙以旦郡庠生。卒年九十七"。

续表

姓名（字、号）	地点	事迹	出处
汪祥暖（字致和）	槎口	家贫，兄祥煖商粤廿余年，热独居事母。母病，卧床三年，侍奉不倦。居母丧，宗族称孝。治家克勤克俭，延师教二侄，婚娶成立。邑尊给额曰"孝友蜚声"	光绪县志卷30《人物九·孝友六》；民国县志卷32《人物七·孝友六》
洪钧泰（字宗耀）	鸿川	附贡生。父患痰症，夜闻声欬，立起问安。及殁，哀毁逾礼，见母哭，辄破涕慰之。事伯兄惟谨，五弟早世，抚孀以礼，抚孤以慈。伯兄有妾在粤，泰往挈归，不耐蛮瘴，染疾卒。尝监造大父祠，遇暇，举所著易义启蒙训子侄，现藏于家塾	光绪县志卷30《人物九·孝友六》；民国县志卷32《人物七·孝友六》
潘锡圭（字信孚）	孔村	郡庠生。幼失怙，事母以色养。中年业茶于羊城。一日心悸，不暇权子母，急售归，母果病革。及殁，丧祭尽礼。远祖墓在黎平，两经省奠，输资买山护坟。为人慷慨喜施，凡葺宗祠、修族谱、设平粜、造茶亭、惜字会、乏嗣碑，一切义举，均捐资弗惜	光绪县志卷30《人物九·孝友六》；民国县志卷32《人物七·孝友六》
潘凤仪（字虑先）	孔村	庠生，孔村人。弱冠失怙，兄弟四，伯仲早逝，三兄贾粤东，淹滞十五年。仪肩家政，恤孀抚孤，恩勤恳至。发逆扰婺，举家走避，贼踵至，负母逃，财物一空。因贷资经商，途遇盗，身受重伤，束手归，欢词慰母。事母疾，凡母所嗜，必力进，居丧尽礼。其余修祀墓、置祀田、砥路造桥，善举不能殚述。卒年四十五，遗子只一经焉	光绪县志卷30《人物九·孝友六》；民国县志卷32《人物七·孝友六》

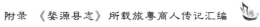

续表

姓名（字、号）	地点	事迹	出处
俞开泰（字顺昭）	汪口	国学生，汪口人。轻财重义，族中义举，踊跃倡率。甲辰岁歉，协力平粜，罄产济之。适粤，遇鬻子偿债者，哭甚哀，出资斧五十金代偿，母子得完聚如初。居家俭朴，隆师训子，好义亦性然也	道光县志卷23之三《人物十·义行五》；光绪县志卷33《人物十·义行五》；民国县志卷39《人物十一·义行四》
胡廷璧	考水	登仕郎，考水人，少业儒。父商于粤，闻其疾，驰省走三千四百余里，比至，父已殁矣，匍匐扶榇归。服阕，弃儒就商，以耕读课诸弟，迄今四世同居。勇于义，村外麻榨岭路圮，勉输五百金，修成坦途。其他置祠租、培祖墓、茗济行道，义多类此①	道光县志卷23之三《人物十·义行五》；光绪县志卷33《人物十·义行五》；民国县志卷39《人物十一·义行四》
程高茂（字万钟）	凰腾	监生，凰腾人。幼就塾，比长，佐父兄商于粤，以克家绍。父孝，思输二千余金与兄共建祖祠，济厥美焉。邑兴书院，又与兄共输千金，襄成文教，义举不一。疾革，悉集负逋者，面焚其券。丁邑侯额曰"望重乡评"	道光县志卷23之三《人物十·义行五》；光绪县志卷33《人物十·义行五》；民国县志卷39《人物十一·义行四》
祝添涛（字汝安）	湖村	国学生，敦本好义，兄文爵素贸粤东，亏蚀难归。添涛竭力措办，俾解旧逋。亲族贫难婚娶者，量为资助。祖祠倾圮，协众修理，不惜重费。居近河滨，输租置渡。病笃，检阅借券，力难偿者还之	道光县志卷23之三《人物十·义行五》；光绪县志卷33《人物十·义行五》；民国县志卷39《人物十一·义行四》

---

① 民国志作"义举尤多"。

续表

姓名（字、号）	地点	事迹	出处
胡期明	考水	六岁失怙，赖孀母方抚成立，明事之尽礼无遗。兄聪客死东粤，缚资归葬，训侄常以孝友，今仍五世同居。善堪舆，卜妥先人宅兆。至于筑南峰精舍、辟晓岭通衢，费不下数百金，皆承母志云	道光县志卷23之三《人物十·义行五》；光绪县志卷33《人物十·义行五》；民国县志卷39《人物十一·义行四》
俞镇琮（字宗礼，号鲁堂）	汪口	贡生，赠奉直大夫，汪口人。少孤贫，负贩养母，既没，念母平生勤苦，泪下沾襟。琮上有三兄长，二俱早世，事孀嫂以礼，抚孤侄以慈。嗣偕三兄镇璋贸迁粤东，家渐裕。性质直好义，村之西造桥作楫，其北山径险窄，出己资雇工辇石平之、辟之。凡造祠宇、置义仓、创文阁，以及平粜赈饥，乐输不后，虽数千金，未尝吝。词源王某力学，以家屡欲弃儒，琮力劝其勿辍，给之膏油家食，逾年游庠。殁年六十四，子澄焕登仕佐郎，澄照候选布政司理问，加二级	道光县志卷23之四《人物十·义行六》；光绪县志卷33《人物十·义行六》；民国县志卷39《人物十一·义行五》
俞鹏万（字进万）	龙腾	少孤，嗜义。经商有得辄施，亲戚赖万得生计者十余家，尤多完人婚娶。客某附万舟之粤，窃万金，万觉，客泣告以亲老故，万恻然释之归。厥后，客亦悔悟，竟自立。他如修祠建亭诸美行，均捐倡不少惜。嘉庆甲子，邑建紫阳书院，借兄国桢输千金，已见前志国桢传。以子镰诰封朝议大夫	道光县志卷23之四《人物十·义行六》；光绪县志卷33《人物十·义行六》；民国县志卷39《人物十一·义行五》

续表

姓名（字、号）	地点	事迹	出处
俞兆清（字秉纯）	龙溪	贡生，龙溪人。性醇笃，事父母务得欢心。昆季四人，清行二，三弟早卒，弟媳孀守，无子，清以次子承弟桃，慰励苦节。生平患足疾，不时而剧，遂潜心外科，重购药物，兼以济人。闻父自粤东得疯瘅，伯兄扶归，迫不及候抵家，疾驰数百里省视。父沾床第七八年，殷勤奉侍，见病渐笃，旦夕尤煎，竟与父同日卒。清父兄皆好义，诸凡义举，清多踊跃曲承焉	道光县志卷23之四《人物十·义行六》；光绪县志卷33《人物十·义行六》；民国县志卷39《人物十一·义行五》
余泰瑶（字廷元）	沱川	事亲承志，尤喜施与，尝之粤，舟过彭蠡前一日，黟人舟覆，失行囊，瑶饮之，归无德色。粤人负券鬻女，瑶赠金止之。居乡平籴济饥解难，义声籍甚。以子荫，诰封儒林郎，卒年八十有八，汪侍御桂赠额"荷宠延祺"	道光县志卷23之四《人物十·义行六》；光绪县志卷33《人物十·义行六》；民国县志卷39《人物十一·义行五》
俞钧（字湜泉）	思溪	职监。弱冠挟重资贾粤，有同舟客某失金所在，愤欲赴水，钧挽，沽酒劝慰，以己金置床下，佯惊曰："客金固在也。"客喜，不暇辨真赝，放囊中。后舟子以分赃相殴败，客始知之。年余，钧归，舣舟入市，忽值客跪告以故，一市皆贤钧。编修司徒照在粤措资，闻钧名，谒见，慨然以三百金赠，照感激为咏"新安伟人行"。他如建义渡、造石桥、育溺女、焚逋券，口碑载道云	光绪县志卷34《人物十·义行七》；民国县志卷40《人物十一·义行六》

续表

姓名（字、号）	地点	事迹	出处
程国远	渔潭	性仁厚，尝偕友合伙贩茶至粤，公耗八百金。远念友资无从措，独偿之。其他修宗祠、建义仓、兴赈会、施棺木，均归美于父，不自以为德焉	光绪县志卷34《人物十·义行七》；民国县志卷40《人物十一·义行六》
程锡庚（字君美，谱名士委）	渔潭	性孝友，父病笃，祷于神，愿以身代，不令两兄知。伯兄趁外业贾，代理家政垂三十年，囊无私蓄。延名师海侄培勋等，皆成立，举于乡者三人。堂弟贫，欲鬻子，分田宅以安之。尝在广东贷千金回婺贩茶，一路资给难民，至饶州金尽。遇负逋鬻妻者，犹饮助慰留。每岁杪赈米数十石，香坑义渡、豫章义仓均其捐造。生平慷慨嗜义，可以类推	光绪县志卷34《人物十·义行七》；民国县志卷40《人物十一·义行六》
俞瑞元（字辉南）	思溪	贡生。幼家贫，负薪养亲，营趁粤东，家稍裕。资分昆弟，性喜施予。文庙城垣，捐助勿吝，叠蒙奖叙。尝在广东襄造归原堂，掩埋泽枯。安徽藩台管赠额曰"见义必为"	光绪县志卷34《人物十·义行七》；民国县志卷40《人物十一·义行六》
李登瀛（字亘千）	理田	职贡。事母以孝闻。性慷慨，见义勇为。尝业茶往粤东，经赣被盗，力控究办，请示勒石于通衢，商旅以安。乐匪阻船需索，诉诸督抚、各宪，河道肃清。凡文庙、义仓以及京都会馆、桥梁道路，无不踊跃乐输，邑侯丁赠额曰"孝友可风"	光绪县志卷34《人物十·义行七》；民国县志卷40《人物十一·义行六》

姓名（字、号）	地点	事迹	出处
李文富（字架书）	理田	贾粤东，家饶裕，素性好义急公。张京堂派捐军饷，输钱一千六百贯。乡立团防与碉卡，均输银数百。至若仆某苦贫售妇，助缗慰留。仆媭负逋，欲醮，代偿完节。其余砌桥修路，不一而足，善行均堪纪云	光绪县志卷34《人物十·义行七》；民国县志卷40《人物十一·义行六》
胡承合（字百和）	清华	贡生。性刚决，日备甘旨供九旬慈闱。兄侧室暨幼孤滞粤，亲往挈归抚育。族某窘迫，将鬻子，力留之，岁给钱米。道光辛卯，岁饥，倾廪平粜。饶有婺会馆，产多质他郡，承合垫千余金赎回。尝自江右购二女归，询厥由来，乃良家子也，慨然曰："吾忍让士族充婢媵乎?"均认义女，资奁嫁。太史朱严溪额以"六行咸修"	光绪县志卷34《人物十·义行七》；民国县志卷40《人物十一·义行六》
胡文焕（字炳芝）	考川	国学生。家贫，服贾粤东，资稍裕。好义乐施，修桥路、给绵米、捨棺椁，无不量力输资。道光丙午，族祠煅，倡输千金重新之。邑侯茹赠额"望重东胶"	光绪县志卷34《人物十·义行七》；民国县志卷40《人物十一·义行六》
潘开祥（字希明）	和睦村	五品衔。幼贫，业茶起家。性孝友，事母克顺。兄殁岭南，徒步扶榇归里，孤侄负券数千金，慨然代偿。兵燹后，振兴合族文社，首捐租六百秤，课文资给，皆出其力。至若施棺助殓、周急济荒，难以缕述。晚际家落，人多惄焉	光绪县志卷34《人物十·义行七》；民国县志卷40《人物十一·义行六》

续表

姓名（字、号）	地点	事迹	出处
程泰仁	长径	幼业儒，事重慈以孝，著闻乡里。嗣因家食维艰，弃砚就商，随乔川朱日轩贩茶至粤，众举经理徽州会馆，六县商旅均服其才。比归，解橐修祠葺墓，不费众资一文，本房支祠倾圮二百年许，捐银买基输木造寝，仁先为之倡。咸丰间，业茶上海，独捐钜资修广福寺。时发逆陷苏常，上宪以仁办团出力，札委运粮至嘉兴等处，保举五品。嗣随提督军门曾克复金山、广富林等处，巡抚薛题奏奉 旨准予四品并赏戴花翎。惜因军务，旁午积劳致疾而终	光绪县志卷34《人物十・义行七》；民国县志卷40《人物十一・义行六》
查奎（字星甫）	凤山	国学生。五六龄，每食必先奉亲。比长，兢兢自守，尤以辱身为戒，重义轻财，抚孤侄，婚教成立。族有业茶于粤东者，为行户亏折，久踬于外。奎以一千五百金贷之，始获归家。未数年，折其券。镇江高某邮致千金代购牛鞹，二月鞹至苏，三月城陷，高殁。其子来索款，陆续偿之，不与论。广德兵燹后，残骸遍野，瘗埋无算。其长厚高风，里党称道不置	光绪县志卷34《人物十・义行七》；民国县志卷40《人物十一・义行六》
宋振衍（字允祥）	梓里	国学生，性纯朴，不苟言笑。贾于粤，稍有余蓄，遂创建宗祠，倾囊告竣，或归功于衍。衍曰："祖灵凭依，有力者所当为，何功之有？"遇邻困乏，阴济之，不令人知。胞弟四，婚教皆独任。析箸时，仍厚与诸弟。年五十始举子，人以为善报不爽云	光绪县志卷34《人物十・义行七》；民国县志卷40《人物十一・义行六》

续表

姓名（字、号）	地点	事迹	出处
朱文煊（字锦林）	官桥	同知衔。读书明大义，凡遇善举，慷慨乐施。煊为紫阳支裔，尝见祠宇颓坏，输五百金修之。邑侯陈修城垣，输八百金。工竣，遵例记录三次。在粤八载，凡徽郡流寓不能归者，概给路费十金，士人倍之，每岁不下二百余金。乡人殁在粤者，众商殓费立归原堂，首输千金，购地停棺，五载，给资归葬。同乡建安徽会馆，输银一千二百两，兼董其事。居乡时，建福泉庵、造新城庙、修晓秋岭、置义仓田，种种义举不下数千金。训子以读书为事，孙曾多列胶庠	光绪县志卷34《人物十·义行七》；民国县志卷40《人物十一·义行六》
李焯然（字凡宜）	理田	州同衔。少业缝工，性朴诚，人多贷资本经商创业，二兄两弟均得分润成家。曾捐修城垣银六百两，军需银二百两。年近七旬，未履公庭。弟超群，性友爱。兄经商粤东，殁。年老偶外出，倾跌即陨。群闻耗奔救，俗以尸入室不祥，劝就途中殓殡。群泣不从，乃自负父归，丧祭尽礼。族老称善，以为足以风世云	光绪县志卷34《人物十·义行七》；民国县志卷40《人物十一·义行六》
俞镇连（字彝玉）	汪口	初儒业，后以亲老任家政。季弟生数岁而殁，连承父遗命抚恤，一粟一丝，随时生殖。比受室，财产与伯仲，埒焉。尝在粤与同志创归原堂，购地瘗骸旅殁者，五年一归榇，至今是赖。他如宗祠、文阁、义仓，靡不竭力襄成。子孙蕃昌，叠膺封诰。孙文辉领乡荐，曾孙多入胶庠①	光绪县志卷34《人物十·义行七》；民国县志卷40《人物十一·义行六》

---

① 民国志作"曾孙多入庠"。

续表

姓名（字、号）	地点	事迹	出处
俞其澍（字焕章）	龙腾	州同衔、父光柏重义疏财，澍能继志，值荒施米二百石，以赈贫乏。尝游粤东，率同志倡建归原堂，施棺运榇。又于上新河重建茶亭，广置义冢，凡城工、军饷、团费，皆踊跃急公。尚书单额以"义行可风"	光绪县志卷34《人物十·义行七》；民国县志卷40《人物十一·义行六》
俞镛（字道三）	龙腾	知府衔。性孝友，常得亲欢。兄早卒，视侄如子，以己封典贻赠兄嫂。岁歉，尝赈米三百石。在粤倡建归原堂，捐资置产以归乡人之客死者。城垣军需急公恐后，奉旨旌以"乐善好施"，给帑建坊。本里均和义仓，捐银一万两。张文毅公团练徽宁，亦捐银一万两。亲朋借贷力难偿者，均焚其券。他如修谱建祠，造茶亭文阁，俱不惜巨资。子文绍任四川建昌道，覃恩晋封通奉大夫	光绪县志卷34《人物十·义行七》；民国县志卷40《人物十一·义行六》
王锡燮（字龚梅）	中云	国子监，典簿。性浑朴，事亲友兄，交友俱出以真诚。家颇裕，多善举。房族某债迫出妻，燮挥金慰留，俾得延嗣。至于修祠宇、捐桥路，岁荒平粜，输租义仓，约费千余金。有族某借银五百两，业茶进粤，亏折不能偿，留粤数年不归。燮悯之，嘱令还家，置不问，其笃厚多类此	光绪县志卷34《人物十·义行七》；民国县志卷40《人物十一·义行六》

续表

姓名（字、号）	地点	事迹	出处
程廷辉（字健光）	高安	职贡。少孤贫，同怀二均赖孀母茹苦扶植。比长营趁，稍有微资，不思囊橐。后与兄业茶于粤，易岁往还，备甘旨供慈闱。从弟飘游于外，遣人觅归，授室与田，后妻殁，复为续婚延嗣，至其家裕。乐施，如建文庙、考棚，造城垣、书院及修桥、砥道，均输钜资，为一村冠	光绪县志卷34《人物十·义行七》；民国县志卷40《人物十一·义行六》
朱文炜（字锦明）	官桥	国学生。幼失恃，事继母克顺。家业茶，常往来珠江。适值朱子堂为匪占夺，炜讼于官，留粤两载乃复。又输金刻汪子遗书，捐地建本里文阁，雇人拾道上字纸，种种美行，布于人口。子隆勋，邑增生	光绪县志卷35《人物十·义行八》；民国县志卷41《人物十一·义行七》
程显荣（字廷标）	城西	国学生。性孝友，少孤，事母克孝，视兄如父。年逾五十，兄弟一堂。独任家政，从无间言。兄炳念食指浩繁，议行分爨，未果。侄绅自粤东归，负债万有八千余两之多。荣悉照其籍，慨然偿之，而后析居。道光年间岁祲，邑侯陈议赈，荣捐重资运米平粜，复董其事，劳瘁不辞。他如修宗谱、建文社，均不惜重资倡首云①	光绪县志卷35《人物十·义行八》；民国县志卷41《人物十一·义行七》

---

① 民国志作"均不惜重资助成"。

续表

姓名（字、号）	地点	事迹	出处
王世勋（字伯琅）	阳村	贡生。幼孤，事母克顺。后业茶粤东，资渐裕。邑有胡某自粤东同归，携只箱寄勋家，去三年未返。一日胡至，见箱封锁如故，谓勋曰："内有白金千两，何不发箧，以资营运"？答以物非己有，至今莫敢动移。尝念祖祠未建，独立构造，费千金有奇。族中贫不能娶者，贷资完婚。娶不能蓄者，拨田赡养。至周急济困，靡不乐施。子培棣，字子仪，选贡生，克承父志。道光年间岁祲，邑侯孙临乡征收，逋户逃匿，棣充银代完，约二百余金。嗣偿者收，未偿者不与之较。尝集邻村创建聚奎馆，培植人材。其他建学宫、修城垣，以及葺桥平道，共捐千金有余，无吝色	光绪县志卷35《人物十·义行八》；民国县志卷41《人物十一·义行七》
詹世鸾（字鸣和）	庐源	资禀雄伟，见义勇为。佐父理旧业，偿风逋通千余金。壬午，贾于粤。东关外遭回禄，茶商窘不得归，多告贷。鸾慷慨饮助，不下万金。他如立文社、置祀田、建学宫、修会馆，多挥金不惜。殁之日，囊无余蓄，士林重之	光绪县志卷35《人物十·义行八》；民国县志卷41《人物十一·义行七》
朱文炽（字亮如）	官桥	性古直。尝鬻茶珠江，逾市期，交易文契，炽必书"陈茶"两字以示不欺负。牙侩力劝更换，坚执不移。屯滞廿余载，亏耗数万金，卒无怨悔。在粤日久，见同乡旅殁者多不能归葬，爰邀同志捐资集会，立归原堂，限五年舁柩给资，自是无枯骸弃外者。道光年间，两次襄助军需，蒙宪给奖。咸丰己未，又捐助徽防军饷数百金。生平雅爱彝鼎及金石文字，积盈箱箧，享年八十有五	光绪县志卷35《人物十·义行八》；民国县志卷41《人物十一·义行七》

续表

姓名（字、号）	地点	事迹	出处
方士焕（字尧卿）	荷源	少失恃，事父兄克循弟子职。比长，贸易粤东，饶于财。捐资建义仓、造支祠，所费不下数百金。咸丰间，发逆蹂躏，颓垣碎瓦填塞于河，焕购隙地容纳，今成高阜。里有泽梁被水冲决，焕输三百余金倡首兴筑，岁终。村之贫乏者告贷，无不周恤。其季子锡爵游庠食饩，人以为积善之报	光绪县志卷35《人物十·义行八》；民国县志卷41《人物十一·义行七》
方星朗（字紫辰）	荷源	贡生。事亲先意承志。昆弟六人，惟朗才干最优。父忧食指日繁，朗任家政，贸易粤东，家渐饶。族建宗祠，倡捐二百金，经营三载，不辞劳瘁。又造社坛、造文阁，共捐四百余金。里人均叨其庇	光绪县志卷35《人物十·义行八》；民国县志卷41《人物十一·义行七》
叶上林（字启文）	朗湖	贡生。赋性恂谨。中年贸易岭南，家渐裕。自持俭约，遇善举则慷慨不少吝。杰坑、朗湖、新岭以及西云庵、永丰桥，皆独立修造。他如捐建祠宇、恤灾户、施棺木、造义渡，纷纷义举，至今称之	光绪县志卷35《人物十·义行八》；民国县志卷41《人物十一·义行七》
程士严（字亮辉）	渔潭	议叙八品。慷慨好施，素在粤东业茶。有俞某贷银一千四百两，子母亏折，留滞羊城，严不责偿，并赠资俾之归。后俞病笃，邀严诣其家，涕泣与诀。严面焚借券，赠金饮助殡费。戚友俞某以知县分发浙江，贷银一千六百两，后以郁卒，妻子伶仃。严时周恤，亦检券焚之，期功之。亲待举火者甚众，其义举难更仆数云	光绪县志卷35《人物十·义行八》；民国县志卷41《人物十一·义行七》

续表

姓名（字、号）	地点	事迹	出处
余启榜（字廷标）	沱川	捐职从七品。性孝友，克礼亲心，父及生母殁，哀毁逾恒，服贾粤沪，资饶。遵遗命尚义举，如军饷、考棚及文庙、县署，均量力输资，弗吝，享年七十有七	光绪县志卷35《人物十·义行八》；民国县志卷41《人物十一·义行七》
俞鸣谦（字君益）	鹄川	性质朴，众举充当册书，承办十余年，急公匪懈，户无积逋。嘉庆丙子，邑宪乡征，散户纷纷远匿。谦质屋得价七十两，代众清款，终不索偿。子英，号新甫，州同衔，少勤慎，偕族叔鸣棚贸易粤东。棚中途殁，妻江年少，子瞀，英资助百金，俾矢节扶孤，卒获延嗣。自粤归，倡修鹄川大路，并筑河边行栏以护行人。孙镕以军功筮任山右，侨居运城。值光绪年间大祲，赤地三载，米价一石需银十六两。镕助赈三百石。野莩相望，倡筑大小冢一百三余所，瘞埋数千人。咸谓谦有遗德，子若孙皆能推行其志焉	光绪县志卷35《人物十·义行八》；民国县志卷41《人物十一·义行七》
詹添麟（字玉书）	秋溪	国学生。幼失恃，续事继母，俱得欢心。年甫成童，父欲招仆祠，捐田五亩，先以半叩麟。麟嫌少，请益之，父悦。后祠捐资兴祭，麟首输洋蚨百元。比壮，贾于粤，家道饶裕。疏戚告贷，悉为周恤。里中沿河要道，麟先输五百金，劝同志量捐襄葺。咸同间，团费军需均输钜数，居心犹笃厚。尝业茶过南雄，担夫数十人窃货以逃，麟以地方法禁严峻，不忍鸣官究治。年逾四旬，病革，悉检积券焚之，其善行巡洵孚舆论焉	光绪县志卷35《人物十·义行八》；民国县志卷41《人物十一·义行七》

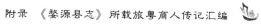

续表

姓名（字、号）	地点	事迹	出处
吴国华（字明江）	赋春	国学生。同胞四人，华行三。父经商本邑肆中，夙欠约千余金。析箸时，华让田产分与昆季，甘受市籍，父母欣然。后弟瑜业茶，殁于粤东，往扶榇归里，风餐露宿，经三月余，未尝一夕投寓，人尤难之。临殁，命索旧逋契籍，悉焚之，享年八十。后嗣克振家声	光绪县志卷35《人物十·义行八》；民国县志卷41《人物十一·义行七》
吴鹏（字鹏万）	赋春	贡生。自少恪供子职，得亲欢心。好读书，事师隆礼。兄商于粤东，资本亏折，众逋丛迫，出金代偿。课侄某读，怜其贫，代给束脩。甲午乙未大饥，罄家仓储，减价平粜，里人赖之	光绪县志卷35《人物十·义行八》；民国县志卷41《人物十一·义行七》
俞朝辅（字佐卿）	汪口	布理衔。父殁粤东，兄二早卒，弟幼。辅闻耗，奔驰扶榇归葬。母病经年，服劳罔懈。事孀嫂，抚弟侄，备见恩勤。尝捐重资建祠宇、助义仓及他善举，书父名，尤见孝思可述。子四，长志勋登贤书，孙渊庠生	光绪县志卷35《人物十·义行八》；民国县志卷41《人物十一·义行七》
朱纯（字德纯）	鹄溪	贡生。少业儒，年未冠，丧母。家贫，父病痌，服勤不懈。为弟培庚两次营婚，均生子。庚殁，抚侄如所生。嗣游幕粤东，积资归里，葺祠宇、修谱牒、助葬族之贫乏者十余柩。咸丰间，各乡团练，举纯在局督理，正直廉明，为人推重，寿八十，无疾而终	光绪县志卷35《人物十·义行八》；民国县志卷41《人物十一·义行七》

续表

姓名（字、号）	地点	事迹	出处
江如松（字燝堂）	江湾	国学生，江湾人。父客游黔粤，松力支持内外，曲慰母心。父好施，凡修谱、立祀、恤灾荒、成桥梁，义举所欲为者，无不竭力承志。亲年迈，侍疾慎终，不懈不怠。暇多吟咏，稿藏于家	道光县志卷26之三《人物十一·质行五》；光绪县志卷38《人物十一·质行五》；民国县志卷45《人物十二·质行五》
余循快（字君成）	沱川	幼失怙，事母竭力承欢。及没，三年不入内堂。兄循因贫无子，病为延医，死为祭葬。侄泰龄尝客广三十余年，初离家二年，妻病故，子仅三龄，快为养教成立。经理祠务，不辞劳瘁，人有纷争，极力排解。间或游艺丹青，亦多可传云	道光县志卷26之三《人物十一·质行五》；光绪县志卷38《人物十一·质行五》；民国县志卷45《人物十二·质行五》
查贤簏（字仲芳）	（凤山）山坑	十四失怙，事母竭力承颜。与兄箸后，怡怡友爱，治生产有所入，必两分焉。族侄某贸易粤东，病卒，簏代与槺归里，将遗货售去。得五百金，还其家，孤嫠赖以赡养。中村族某寄簏墨数勃，亦病死外，簏权子母，积百余金，召其子予之。殁年八十三。邑侯孙给额曰"义笃敦伦"	道光县志卷二26之四《人物十一·质行六》；光绪县志卷38《人物十一·质行六》；民国县志卷45《人物十二·质行六》
胡文蕙	城乡	职员。城乡人。家贫，事亲与兄爱敬。十余口待哺，独力支持。嗣置产业，悉均于兄。客粤二十载，族里有久外难归与无资本往外者，酌给以金，掩骨周棺，实心悯济	道光县志卷26之四《人物十一·质行六》；光绪县志卷38《人物十一·质行六》；民国县志卷45《人物十二·质行六》

姓名（字、号）	地点	事迹	出处
潘顺良	孔村	家极贫，父早故。鬻薪负米，以养慈闱。壮趁粤东，俭积置产，均分兄弟。遇有情急分离必输资，以完人骨肉。其余桥路巷宇，亦肯乐输。晚境虽窘，犹自好行阴德	光绪县志卷39《人物十一·质行七》；民国县志卷46《人物十二·质行七》
施应立（字卓然）	诗春	少孤寡，兄弟善事孀母，壮游吴楚粤东，阅历险阻，所如不合，爱习勾股、方圆、奇零。道光丙申，邑修城垣，立襄其议，得议叙九品衔	光绪县志卷39《人物十一·质行七》；民国县志卷46《人物十二·质行七》
施添哲（字濬明）	诗春	从九衔。性质直，不苟然诺。幼孤，随兄往镇，初业磁，次贾钱肆，握算持筹，辄皆如意。又游粤东，遇故交病剧，延医诊视，兼饮助以归。晚年居乡，有明祖妣朱节孝坊，公举哲襄办三年，丝毫不爽。泗洲岭、蔡家湾林路圯，哲修造百余丈。与人无怨义，方教子解纷息竞，里党交称，年六十三	光绪县志卷39《人物十一·质行七》；民国县志卷46《人物十二·质行七》
王世仕（字献廷）	漳溪	精计然术。幼以佣值供亲甘旨，旋商粤东，家有宿债，独力偿还。兄没，事嫂抚孤，竭情尽顺。村有善举，并助多资。以子捐职，例赠奉直大夫	光绪县志卷39《人物十一·质行七》；民国县志卷46《人物十二·质行十》
王仁辅（字翊中）	中云	七龄时，父没粤东，食贫力穑，以佐兄读。奉嫡母、牛母唯谨。兄卒，事嫂抚孤，敬慈并挚。侄方就传暴殇，母省妹病，妹亡，母悲恸，抱病而回，越二日没。未几，嫡母又没，营谋丧葬，心力交竭，呻吟苦次。仍为兄绍后，以承先祀。殁，年三十，未娶，殡之日，柩随母后，观者咸为陨涕	光绪县志卷39《人物十一·质行七》；民国县志卷46《人物十二·质行七》

续表

姓名（字、号）	地点	事迹	出处
戴朝寰（字驭中）	清华	乡饮宾。幼读书，壮商粤东，父患疯，遂谢远游，左右服勤，始终罔懈。析箸后，扶持侄如初。其余修桥路、济困贫，咸多饮助。邑侯赵赠以"厚德好施"	光绪县志卷39《人物十一·质行七》；民国县志卷46《人物十二·质行七》
李章发（字秩明）	理田	幼随父商粤东，迨父归家，遇有义举，必资父行。友爱诸弟锡圭等，怡愉无间。尝董修祖祠，以余金置产，允协众心。发逆窜境，贫佃家多悬罄，发量给籽种，以助春耕。至若施榇济困、平粜救荒，无不踊跃。子廷镛弱冠入庠	光绪县志卷39《人物十一·质行七》；民国县志卷46《人物十二·质行七》
余礽銮（号金坡）	汜川	监生。性聪敏，八岁读书辄解悟，师以奇童目之。年十六，父客粤，讹传凶耗，跪母前，请往省。母不许，日夜号泣，诸父怜其诚，拟觅人偕往，甫束装而父归，从此持家，钜细独任，无暇进取。亲没后，弟礽绣悯其劳，请肩家政。銮治举业，试南闱，荐未售。归复就贾，目失明，卒年三十九。子三，长次庠生	光绪县志卷39《人物十一·质行七》；民国县志卷46《人物十二·质行七》
潘鸿宾（字仲徽）	豸山	职员。性敦厚，事庶母亦谨。发逆窜境，父羁粤东，弟被贼掳，焚香祷祝，迨父旋及弟归而后已。兄弟析箸，旧居两间让两弟，己待别营。又建祠修庙，积劳成疾，卒年仅四十有七	光绪县志卷39《人物十一·质行七》；民国县志卷46《人物十二·质行七》
朱章（字漳泰）	石头嶂	监生。兄久客于粤，亲老倚闾盼望，章承命往劝兄归，亲心慰。他如平粜周急、焚券解纷、修桥亭、燃路灯、人服其义，思慕不忘	光绪县志卷39《人物十一·质行七》；民国县志卷46《人物十二·质行七》

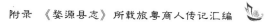

续表

姓名（字、号）	地点	事迹	出处
江廷琦（字澳庄）	江湾	少孤贫，读未卒业，服贾饶广间，以谋菽水。母病革，命曰："表亲某孤苦无依，汝善抚之。"善行多端，邑侯赵礼请宾筵，给额曰"笃行为善"	光绪县志卷39《人物十一·质行七》；民国县志卷46《人物十二·质行七》
余圣材（字锦源）		与族人合贷重资，业茶粤东，牙侩亏空，归鬻己产偿之。其同业者欲以屋抵偿，材弗受，焚其券。凡修桥路义举，靡不乐输	光绪县志卷39《人物十一·质行七》；民国县志卷46《人物十二·质行七》
洪启煜（字烈云）	鸿川	职监。贾于粤，偕同志酿资立归原堂，以归同乡旅榇。近村有通衢峻岭，首捐重资修葺。房侄岷单传，贫困，煜赒恤备至，并为完婚，以延宗祀。少承见教，援例捐五品衔，俾受貤封	光绪县志卷39《人物十一·质行七》；民国县志卷46《人物十二·质行七》
程应魁（号文台）	高安	监生。幼孤，兄弟三，皆异母。分爨后，两兄多病，遗产荡然无存。二母年耄，魁备膳养，无殊所生。婚教诸侄，以延宗祧。堂兄享殁于粤，魁亦在粤服贾，扶榇而归，重资不吝	光绪县志卷39《人物十一·质行七》；民国县志卷46《人物十二·质行七》
施添畁（字秉初）	诗春	捐职县丞。尝业磁冒镇，贩至粤东。藩宪方公联乡谊，推为商中君子，襄理徽州会馆，有条不紊。乐施与、焚借券、排难解纷，至今人尤称之	光绪县志卷39《人物十一·质行七》；民国县志卷46《人物十二·质行七》
王锡熊（字兆先）		监生，孝友。本庚第三子，少业儒，以家贫贾于粤，资稍裕，承欢膝下，不远离。父患痿，医弗效，祷以身代，获痊，延五载。及居亲丧，哀毁过甚，未期月亦殁	光绪县志卷40《人物十一·质行八》；民国县志卷47《人物十二·质行八》

续表

姓名（字、号）	地点	事迹	出处
潘文焰（字祝三）	豸下	国学生，豸下人。商于粤，闻母病，驰归侍汤药，衣不解带者二旬余。父患瘰，朝夕泣祷，以口吮之，得痊。居丧三年不入内，敬兄爱弟，内外无间言	光绪县志卷40《人物十一·质行八》；民国县志卷47《人物十二·质行八》
俞可瑞（字淦川）	长滩	少失怙，兄弟四人，瑞居长，两弟俱不禄。以所遗祖业给弟妻，季弟挈眷居粤东。瑞独侍重慈，三十余年无少懈。中年商江北，稍获利，乡人流离于外者辄赠以资，劝之归。年老家居，解纷排难，人多重之，卒年七十有二	光绪县志卷40《人物十一·质行八》；民国县志卷47《人物十二·质行八》
张文烈（字敬昭）	沧溪	贡生。幼失怙恃，提携于兄嫂。比长，兄嫂病故，秉持家政，抚育子侄，皆为婚教。经商粤东，屏绝繁华，内无怨语，外无间言，卒年七十有七	光绪县志卷40《人物十一·质行八》；民国县志卷47《人物十二·质行八》
汪锦（字秉均）	城西	国学生，城西人，幼颖异，举止端凝，族戚皆器之。稍长，牵车服贾，用孝养厥父母。父母病殁，一恸几绝，闻者皆涕洟。客粤时，乡人贫不能归者，资助之；债不能偿者，代还之。他如捐粟赈荒、置租崇祀，靡不乐从，其好善如此	光绪县志卷40《人物十一·质行八》；民国县志卷47《人物十二·质行八》
詹坦贞（字子坚）	庆源	国学生。胞兄早故，嫂氏汪，家贫子幼，贞抚恤孤孀，至于成立。业茶粤东，有以数千金合业者，诚信无欺，人咸重之。素精岐黄，设杏斋药肆，就医施药。他如造桥修庙，慷慨捐输，以为众倡。年逾古稀，子四人，三列成均	光绪县志卷40《人物十一·质行八》；民国县志卷47《人物十二·质行八》

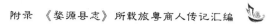

续表

姓名（字、号）	地点	事迹	出处
宋兆鉁（字越中）	梓里	国学生，梓里人。性敏，业儒，旋就贾于粤，挈三弟纲随往，教读游庠。自粤归，途中遇休秀士游学，病莫能与，厚赠得返。后酬以金，不受。仲弟早卒，娣姒遗孤，独立扶持，晚著《孝行录》，使童蒙入塾读之，以养正云	光绪县志卷40《人物十一·质行八》；民国县志卷47《人物十二·质行八》
汪大日（字华龄）	槎口	监生。幼习举业，长承父志，售茶粤东，不沾市习。居家修祠宇、立义仓、保水口荫木，捐百余金置祀产，矜怜贫乏，善举恒多	光绪县志卷40《人物十一·质行八》；民国县志卷47《人物十二·质行八》
施嘉言（字孔昭）	诗春	增贡生。屡试南闱，荐而未售。父商东粤，往任其劳，三十余年囊无私积。兄弟之间，白首怡怡。在粤时，乡有落魄者，资助之归；逋负难偿者，则焚其券，义举尤足多焉	光绪县志卷40《人物十一·质行八》；民国县志卷47《人物十二·质行八》
方士焯（字俊三）	荷田	监生。经商粤东卅余年，粤人多逋负，焯悉焚其券。归家建义仓、修桥路，善举多赖襄成	光绪县志卷40《人物十一·质行八》；民国县志卷47《人物十二·质行八》
詹钟大（字赞如）	庆源	监生。业儒未售，以父年迈，乃就贾于粤尒。邑人某感其诚，与合业经营十余载。有余资置田产、建家塾，教弟读书。村有文社久废，捐资复兴。修造祠宇，悉多资助，其能好义如此	光绪县志卷40《人物十一·质行八》；民国县志卷47《人物十二·质行八》
李报之	理田	庠生。性聪颖，与芳国、上锦八人共立崇文社，丽泽有资。子起鲲贾粤东，归任祠务，列代祖茔山税，粘图贴说，手录成编，藏于家	光绪县志卷40《人物十一·质行八》；民国县志卷47《人物十二·质行八》

续表

姓名（字、号）	地点	事迹	出处
吴宪仁（字南书）	赋春	候选同知。三岁失恃，克自树立，甚得父母欢心。友爱继母弟五人，延师课读。经商在粤，遇同乡困乏，必赠金劝归。亲朋负债难偿，辄焚其券。排解纷争、修桥施棺，多成善举，卒年八十一	光绪县志卷40《人物十一·质行八》；民国县志卷47《人物十二·质行八》
俞文熛（字与其）	龙腾	同知衔。少读书，长业茶粤东。屈某负债，将鬻妻偿，熛赠金六十，屈妻得以保全。后家道中落，意将执券收债，为营运计。乃往索，数家皆窘逼难偿，遂毁其券，总计不下万金。孝事父母，不因贫减。凡有义举，必力勉为	光绪县志卷40《人物十一·质行八》；民国县志卷47《人物十二·质行八》
汪章然（字亶其）	江村	监生。少失怙，随伯兄汝扬读。及长，业茶东粤，闻母疾，星夜驰归，勤侍汤药。及殁，哀伤尽礼。兄弟怡怡，见有鳏寡孤独，量力周恤。解纷排难，无不尽心。浙江学政额曰"孝友可风"	光绪县志卷40《人物十一·质行八》；民国县志卷47《人物十二·质行八》
程廷辉妻王氏		初，辉母董氏，青年守节。氏入门温清，瀹濡得媚姑欢心。姑没，殡祭尽哀礼，而葬于某原。辉商粤东，或告之曰："若姑之墓有水，蚁骨且朽。"氏惶恐不及，待夫归，即率诸子往启，墓棺如故，复启，棺骨如故。氏椎心哭曰："天乎！人言误我。"追逝伤存，悲哀咎责之情交迫于中，血气拂乱，大恸伏地，气遂绝。董太史桂敷赠额曰"至性令终"	光绪县志卷42《人物十五·列女孝妇八》；民国县志卷50《人物十七·孝妇》

198

续表

姓名（字、号）	地点	事迹	出处
程作缵妻胡氏	城西	缵妻，仁村文宪女，年二十五，夫故，子四龄，舅姑在粤，孝敬太舅姑不懈。年三十七病故，子兆槐，两淮候补盐知事。同治甲子并旌表建坊	光绪县志卷48《人物十五·列女节孝六》； 民国县志卷56《人物十七·节孝六》
胡承瑞妾梁氏	清华	胡清华人，氏名凤，粤东女。年十九，瑞殁于家，梁在粤闻讣，急挈数月孤辉，随瑞弟归，哀恸欲殒。时姑何年已七十八，泣谕，乃如命，历节十二年终。高台徐明府给额曰"节比松贞"。光绪四年旌	光绪县志卷48《人物十五·列女节孝六》； 民国县志卷56《人物十七·节孝六》
俞澄辉继妻陆氏	汪口	俞汪口人，氏粤东陆建立女，十八为奉直澄辉继室。孝事庶姑，抚前室子媳如己出。识书数，有钟郝风。年廿八，夫殁于粤，孤长六龄，次遗腹，扶榇归里。今孙曾林立，以前子职例封宜人。殁，年七十八，桂宫保赠额"冰心画荻"，光绪二年旌	光绪县志卷48《人物十五·列女节孝六》； 民国县志卷56《人物十七·节孝六》
俞永裔妻潘氏		俞□□人，氏名好圭，年二十九，夫殁于粤东，矢志茹茶，以侄承祧，婚教完备。殁，年八十五，历节五十六年。邑侯胡额曰"操凛冰霜"。道光戊戌旌	光绪县志卷48《人物十五·列女节孝六》； 民国县志卷56《人物十七·节孝六》
朱培栽妾杜氏		广东省垣女，名亚银，年十七，州同培栽纳为箧室，生二女，居粤。栽回婺殁，氏年二七，归婺守志，事嫡尽欢，鬻簪以训嫡子，守节廿年。殁，督学殷赠额"节坚金石"，光绪二年旌	光绪县志卷49《人物十五·列女节孝七》； 民国县志卷57《人物十七·节孝七》

续表

姓名（字、号）	地点	事迹	出处
齐双印妻董氏	齐岭北	齐岭北人，氏游山董观志女。十四于归，翁早故，氏事姑孝。道光乙酉，夫往粤病故，氏年二十七，遗孤甫周，女未龀，氏苦抚育为婚嫁，抱二孙矣。现年六十，历节二十四年。光绪六年，由部请旌①	光绪县志卷49《人物十五·列女节孝七》；民国县志卷57《人物十七·节孝七》
程鏓文继妻詹氏	金竹	文金竹人，氏庐坑詹允征女，在粤字文为继室。道光三十年，文自粤归，寻殁。氏年三十，闻讣矢志抚孤，纺绩度日。咸丰年间，烽烟阻隔，氏谋诸母氏，设法挈孤，备历艰险，绕四千余里以归婺。侍媚姑，姑称贞孝。氏性慧，素谙书，家贫不能延师，二子皆自课，长兆銮游庠，次亦成立。现年五十九，历节三十年，光绪二年旌②	光绪县志卷49《人物十五·列女节孝七》；民国县志卷57《人物十七·节孝七》
余赐之妻汪氏	沱川	余沱川人，氏年廿七，夫远贾川广，杳无音信，家无片壤，又无子嗣，孑然一身，操作度日，殁年六十	光绪县志卷50《人物十五·列女节孝八》；民国县志卷58《人物十七·节孝八》
王尹吉妾高氏	中云	王中云附贡，氏江都县女。咸丰己未，氏年二十九，家长客殁粤东，长孤十二龄，次七龄，随嫡操井臼灌田园，茹苦抚育。长孤应试，产一孙，先后物故。今年春，氏同嫡三日相继病亡，次子未娶，亦毁卒，乡里怜之。氏年五十二，历节二十四年	光绪县志卷51《人物十五·列女节孝九》；民国县志卷59《人物十七·节孝九》

① 民国志作："历节三十二年。光绪二年旌。"
② 民国志作："民：殁年六十三，历节三十四年。光绪二年，邑绅李侍郎昭炜等会奏请旌，江观察峰青为立传，俞孝廉桂彬志墓。"

续表

姓名（字、号）	地点	事迹	出处
洪文珠继妻黎氏	鸿川	南海县黎阿福女，归鸿川国学珠，客居粤省。道光丙申，年十九岁，夫故，遗孤三龄，庶姑严厉，氏曲承唯谨，子与孙均入国学。殁，年六十三，守节四十五年	光绪县志卷51《人物十五·列女节孝九》；民国县志卷59《人物十七·节孝九》
汪祖淮聘妻杨氏		凤溪允珠女，年三岁，许配黄砂庚灿长子，习娴姆训。后庚灿往粤经商，家中落，无立锥地，不能为子完婚。氏年十九，父母欲夺其志，氏泣对曰："亲因夫贫，欲令改嫁，我志靡他，誓不背负，我死，愿父母不可绝吾夫嗣。"遂钏颈。死后，父母哀之，为其夫聘大源朱树庆孙女以成其志，今已生男绍宗桃矣	光绪县志卷53《人物十五·列女贞烈五》；民国县志卷62《人物十七·贞烈》
詹竖基缺文胡氏	庆源	庆源詹竖基子，乾隆壬寅年娶妻胡氏，即同房侄卖茶东粤，未几卒于韶州龙头影舟中。迨盘榇归里，氏抚棺长恸，绝粒数日而没。族党哀而敬之。嘉庆十年，礼部尚书王奖以"节烈维风"额。按旧志大文作竖基妻，小注内又称竖基子云云。今不敢臆断，姑缺文存考	光绪县志卷54《人物十五·列女烈节一》；民国县志卷62《人物十七·节烈一》
汪圣诚妻范氏	段莘	广东钦川启新女，段莘圣诚贾钦娶之。生一子朝柱，诚旋病故，氏年二十，痛夫壮岁客亡，仅一乳哺孤，身死则嗣绝，且棺停异地，所亲莫知。乃具讣驰报翁姑，迨诚兄圣诵至钦，氏请于父，愿抱孤扶柩随伯还夫籍，氏弟承佑伴送抵娶。携孤拜舅姑毕，夫窆奁，遣弟归复父命，潜盥沐自经，年二十二岁	光绪县志卷54《人物十五·列女烈节一》；民国县志卷62《人物十七·节烈一》

续表

姓名（字、号）	地点	事迹	出处
董则葵（字晋三）	城东	家居孝友，待人笃恭。业茶广东，弟殁于外，亲扶榇归。值发逆乱，继祖母年九十余，父母年八十余，负匿深山，不离左右，备尝艰苦十数年，居家二十余口得保平安。亲殁，哀毁骨立，丧祭尽礼。乡里纷争必竭力排解，善举必捐助。年七十九。子应崧举人，纯修庠生。孙十六人，志周志辉焱俱庠生	民国县志卷33《人物七·孝友七》
李绪树（字德滋，号鹤山）	理田	性孝友。父商于粤，被空困陷，往伴旋里。父殁，哀毁过甚。敬事伯兄绪馨，立其旁，不命之坐不敢坐；待季弟绪智极恫挚。售茶上海，账册资橐悉交兄，分文不私。兄仅一子，被寇掳，代为寻访，不惜劳苦，后果寻回，助其成家。行事出于至诚，人所难及。以子国熙封奉政大夫	民国县志卷33《人物七·孝友七》
许贞	泉田	附贡生。清授朝议大夫，泉田人。性孝友，粤匪扰乱，举家走匿，房屋被毁。时贞父贩茶陷粤中，十四年不能归，贞日夜忧虑，备尝辛苦。侍母先意承志，甘旨无缺。乱平，父经商上海，岁必亲往省视，或奉母同往，长途跋涉，服劳惟谨。无何，父殁申江，星夜奔丧，以未克亲侍汤药为终身恨。扶榇归里，祭葬尽诚。母病，日侍左右，寝食俱废。及殁，绝水浆者累日，族党一再劝之始强起。待弟笃友，（于）不以聋哑歧视，推甘让肥，惟其所欲。慈善事业尤乐捐输，	

姓名（字、号）	地点	事迹	出处
		村中创设育婴堂，捐洋银三千元；又设立义仓义学捐洋银四千元。婺至景镇，通衢中隔一岭，年久倾圮，贞为倡首输三千金并募捐巨款，期年告成，行旅称便。其余培士类、济贫乏，牙角之争，力为排解，或仁让相规，或资财相助。尝谓家人曰："吾有饭喫，勿令人啼饥；吾有衣穿，勿令人号寒。"蔼然仁者之言	民国县志卷33《人物七·孝友七》
詹文镱（字裕修）	环川	监生。少随父赴粤，浪撼舟翻，抱父流四十余里，渔人援之。遂泣劝父家居，独立经营商业，渐裕，新其室，额曰"培本堂"，与昆弟共之。镱妻误中药毒甚危时，母适患口疾，人谓当先其所急，镱惟侍母医治，不遑他顾，其至性过人如此。族人有被发匪掠去者，镱闻其踪，越数百里以金赎回。居乡以整风俗为己任，凡有乖天伦者，必直言斥之。子四人皆谨愿有父风	民国县志卷33《人物七·孝友七》
查炳智（字润昭）	凤山	登仕佐郎，凤山人。性至孝，父客粤东，闻病驰省，昌暑走数千里，眠食几废，遇寺庙辄祈祷，叩头流血。比至，父已殁，号绝复苏者再。同舍感其孝，相与扶榇，急行至赣，以劳卒，殁于旅次。灵柩双归，乡邻哀之。族人庆曾高其行，为作传。江绅峰青赠额"至性过人"。妻詹氏矢志抚孤，待旌	民国县志卷33《人物七·孝友七》

续表

姓名（字、号）	地点	事迹	出处
余杰（字炳南）	沱川	贡生。父往粤，继母疽发，背弟尚怀抱，医谓先吮毒，后敷药，杰乃朝夕舐之，二月余始痊，人谓孝思所感。分爨后，财产任诸弟分配。村外有"易饮亭"煮茗济行人，后被毁，杰与胞叔式如捐资重建。族有构讼者，杰输资悉力排解。至于施药惜字，见义必为。惜年四旬余殁，子淦能继父志	民国县志卷33《人物七·孝友七》
余国炳（字明辉）	沱川	贡生。年幼采樵午归，父母与食必与兄共。成童后，往粤习墨业，居停倚重，家渐裕，宿债尽偿。闻母病，星夜遄归，躬亲秽亵。为季弟娶妇，让以旧宅，给田十亩。又捐数千金修景镇通衢廿余里。子建中，贡生，筑青山岭，集资瘗埋厝棺，惜不永年	民国县志卷33《人物七·孝友七》
余焕（字允宽）	沱川	增贡生。初就传，即立志向学，然学日进而遇甚啬，棘闱四荐未售。咸丰时，两粤遭乱，兄弟商于粤者音信俱梗，一家数十口赖焕支持。以宋儒为宗，以躬行为的，门下多知名士，称誉一时。晚岁于乡先达汉卿先生之书多所改订，居乡以整风俗为己任，著有深柳堂诗文集，补注缪当时四书九鼎，待刊。绵学使赠额"士林矜式"	民国县志卷35《人物八·文苑二》
王震亭（字观文）	清源	庠生。家贫，雄于文，挥毫立就，舌耕供孝养。旋业茶粤东，家渐裕。父殁，哀毁骨立，殡葬从丰。后遭发乱，室庐焚煆，饔飧难继，淡如也。日以诗书自娱，至老不懈。子凤起郡庠生	民国县志卷36《人物九·黉彦》

姓名（字、号）	地点	事迹	出处
查树金（字逸枝）	凤山	监生。少失怙，事母孝，为诸弟妹教养婚嫁，极费经营。嗣以人繁分箸，以本股业典还凤负。服贾粤东，以所入分润诸弟，外余始赎还典产	民国县志卷42《人物十一·义行八》
查上鹏（字羽宜）	凤山	监生。幼习举业，考试屡列前茅。嗣贾粤东，闻母病，驰归抵家，已殓。抚棺一恸几绝，自是不复出门。以父年老，事必躬亲。父殁，居丧未尝食旨闻乐。与兄相友爱，时人目为二难。精岐黄，活人无算。今其子孙英姿继起，洵善人有后也	民国县志卷42《人物十一·义行八》
程申（字亦坤）	凰腾	贡生。未冠，父殁粤东，母命扶榇归，祭葬如礼。叔殁浔阳，亦扶榇归葬。舌耕奉母，后营茶木业，家日隆。遇修桥、造路、施棺、惜字诸善举，皆输钜资。年终阴给贫苦者以钱米，不令人知。为人排解纷争，靡不竭力，禁赌尤严切。殁年八十，孙曾满侧，人以为积善之报	民国县志卷42《人物十一·义行八》
程锡爵（字美如）	金竹	太学生。幼孤，业儒，孝母友弟，为贫改业，设肆清华。近乡有遭回禄者，勉力捐米赈恤。后贾粤东，家稍裕，益疏财仗义。发匪之乱，妻子寄粤，爵回婺省亲，适病笃力疾，焚债券万余金，曰："无为后人累。"其厚亲朋、重信义如此	民国县志卷42《人物十一·义行八》

姓名（字、号）	地点	事迹	出处
俞文浩（字耀宗）	龙腾	少精会计，佐父业茶于粤东，积资百万。以所置豸峰田一顷，请父建均和义仓，赈济一村荒歉。咸同间，米价昂贵，出谷平粜，村人感之。本村灵璧渡及武口、金竹二渡，皆捐助重资，一乡称便	民国县志卷42《人物十一·义行八》
俞起鸾（字仲鹇）	龙腾	性浑朴，少失怙，承父茶业客粤东，粤俗繁华，不为所染。兄早殁，遗腹生子，鸾为抚养，婚教成立。姚村、段查、木桥等处道路及罗家碣桥梁颓坏，皆独立修葺，所费不资。又尝施送内外科丸散，活人甚多。每当岁暮，出钱米以恤族中贫乏，乡人至今称颂	民国县志卷42《人物十一·义行八》
潘鸿麒（字畅中）	豸下	国学生，通奉大夫。年十六，侍父商岭南，兵起道梗，羁留三载，奉养无稍疏。性坦直，轻财重义，文公阙里建造县署皆乐输督造。村人延师课子弟，输学资千金。建关帝庙、邮亭、桥路亦输重资。人负欠力不能偿者，悉焚其券。父殁后，兄有所告戒，无不悦服	民国县志卷42《人物十一·义行八》
詹荣（字焕佳）	秋溪	监生。服贾粤沪等处，境稍裕，为父捐五品衔。父疾年余，亲侍汤药，维持左右，未尝入内室。父殁，丧祭尽礼。季弟及诸侄婚教皆荣是赖。塾师某被匪徒闹校，荣闻往救，头脑被击，流血沾衣，助金诉官厅，卒得直。他如建家庙、修庵宇、禁赌博，皆力为之。子铨熙，邑庠生，法官养成所修业，巡抚朱奏奖正八品	民国县志卷42《人物十一·义行八》

姓名（字、号）	地点	事迹	出处
洪文琦（字日新）	洪村	附贡生，以子昌绪职封中宪大夫。年十九，父卒于粤，事母至孝。庶母子文淋生甫四月，琦抚育婚教成立。粤匪扰婺，襄办泰安局，捐重金办团防。至若建文庙、造县堂、修城垣，踊跃捐输，不遗余力。又能敦宗赡族，周济婚丧，课子隆师，犹其余美	民国县志卷42《人物十一·义行八》
汪国仪（字羽丰）	晓起	家贫，力学，后业瓷景镇，积资设肆，运贩粤东，以信实见称。先是瓷器往粤，关卡留难，仪集诸商控告，奉准示禁。旋捐巨款建婺源会馆，手订章程，遇事开会议决，乡人德之。立长生位于厅事旁。后生意失利，退老家居，问安求教者，书札不绝。敦族睦邻，犹其余美	民国县志卷42《人物十一·义行八》
王文翥（字植卿）	中云	庠生。幼负文名，小试屡胜，生平治已宗小学，事亲本孝经。兄业茶广东失败，翥倾己产代偿巨款。晚年习岐黄，多方救济不受谢。乡邻纷争必从中调解。子翰，字满堂，教养两弟成立，嗜史学，精行书，戚友告急，尽力周恤，筑河梁、建祠宇，均捐资赞成，人谓能继美云	民国县志卷42《人物十一·义行八》
王世隆（字日丰）	中云	太学生。公平正直，重义轻财。商于粤时，遇亲友困乏不能归者，皆给资斧。发逆之扰，在甲道散银数百两，以济人饥。居乡重然诺、息争讼，至今脍炙人口	民国县志卷42《人物十一·义行八》

续表

姓名（字、号）	地点	事迹	出处
王云翔（字次卿）	中云	附贡生。中云人云程弟，性颖慧，攻苦力学，两试棘闱未售，遂随父经商。闲时于中西政要诸书，手加丹黄，人有疑问，凿凿指示。族内崇礼祠被火，捐资倡首建复。堂弟鳏居，代为完娶。生平好善嫉恶，广东李某闻其名，欲以大权付之，翔侦知李入日本籍，常改华茶为日茶，斥为卖国，遂严词拒绝，耿介多类此。他如祀典、教育、路政、卫生，地方公益，无不竭力维持，邑侯方赠额"规宏广路"	民国县志卷42《人物十一·义行八》
齐用仪（字其羽）	冲田	例贡生。幼时家贫，经商广东上海，渐饶裕。以弟登云寒士，分资济之。云乏嗣，以子安绍其后。易箦时，召子邦光嘱曰："有余资当积谷以救荒，此吾志也。"光不忘父命，于戊申年出洋一千二百元创建义仓，故名曰"述志"，现积谷有成数。邑侯魏赠额"孝义可风"	民国县志卷42《人物十一·义行八》
王奎照（字瑞文）	清源	性慷慨，年十九，商贩粤东，积有余资，倡办义学，嗣又倡立育婴。村内窭人子赖资教养。督学绵赠额"敦信明义"	民国县志卷42《人物十一·义行八》
汪从钜（名大顺）	江村	随叔卖茶广东，遭粤匪乱，家中落。暮年肩负苦，积余资独造金光岭；又捐钜金修司马墩、通休浙大路及漳溪履安桥，好善乐输，不胜枚举	民国县志卷42《人物十一·义行八》

续表

姓名（字、号）	地点	事迹	出处
俞汝霖（号松寿）	思溪	太学生，慷慨好义。经商东粤，适同乡许某被匪拘留，勒赎银一千五百两，许不克措办，危在旦夕。霖毅然倾囊如数，代解之，许始得释。偕归乡里，缄口不言。其余矜孤恤寡、修桥筑路，不一而足	民国县志卷42《人物十一·义行八》
戴锦翔（字福鸿，号彩堂）	清华	由国学生捐知府衔，加二级，授朝议大夫，晋中议大夫。兄弟五，翔行四，性刚直，事亲能孝养。咸同间，粤寇猝至，家人各不相顾。翔惧双亲艰步履，竭力背负以行。父母抚之曰："吾诸子独汝尚计及吾二人，吾家德积累世，当毕萃汝身。"翔闻感泣。中年营商业，蹶而复振。四旬，外业茶于粤、于浔、于浙、沪，投无不利，家日起，延名师课子。时兄弟先后殁，诸侄孤贫无依者，召同入塾。次弟婚教成立，每岁终分金恤之。五弟乏嗣，以孙绍。侄允镇后外舅两世家贫，赠百金俾作小营生。嗣外舅远商，客殁湖北，翔遣子挟赀，率其家属扶榇归葬，并教养其二子成人。他若文祠、县署、志书及木里聚星、彩虹两石桥，皆不惜钜金捐助。子五，长贡生，次附贡生，余均国学生	民国县志卷42《人物十一·义行八》

续表

姓名（字、号）	地点	事迹	出处
程国枢（字致和）	凰腾	国学生。昆季十。枢能养志，得亲欢。年十八，佐家政井井有条，货茶东粤，出纳无私。性孝友慈祥，无疾言怒色，横逆不棱，有陈太丘风。岁饥，倾困赈贫乏，为人解纷排难至忘餐废寝。喜读古人格言，常为家人津津乐道。医相堪舆亦喜涉猎，为人医不索酬。后家中落，至每食不饱，犹以百钱给人药资。远村延诊，辞谢舆马，徒步往，不以为劳，时年七十八九矣。里中重修东山寺，身任劳瘁，光绪六年殁，寿八十四。邑侯严公梦新城隍莅任，醒而记其姓字，里居命役来访，果枢也。子四，均不寿，媳均守节。孙六，曾孙飞，万郡庠生	民国县志卷42《人物十一·义行八》
朱廷诰（字烈泉）	严田	太学生。年十八，弃儒商广东。昆季三，诰绍胞伯副贡诚基后。基产颇丰，诰不私其财，与兄弟均分之。长姊嫁甲道，早寡，家贫无子，诰迎养终身。兄弟早殁，抚诸侄如己出，择其才者教之读。光绪间，侄衣羁浙江，诰病五阅月，尝谓人必俟衣归。衣至，进汤水，气即绝，人咸谓至情所感。居家垂四十年，遇乡邻纷难，与同志极力排解，终诰之世，村无讼累	民国县志卷42《人物十一·义行八》

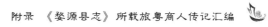
续表

姓名（字、号）	地点	事迹	出处
程炜春（字耀南）	城西	培监生。性孝友，父母有疾，寝馈不安，必愈而后止。兄故，抚幼侄四人俾成立。往来豫章、江苏、东粤间，亲戚故旧，多感其惠，家居亦然。殁，年七十三	民国县志卷48《人物十二·质行九》
汪廷锐（字炼金）	槎口	从九衔。弱冠随父商粤，路经南雄岭，被贼劫去巨资，仅以身免。侍父回里，日以采薪为仰事计，虽啜菽饮水，常得欢心。亲殁，哀毁逾礼。村有义仓，悉心扶助。寿八十二，子燃照，邑庠生	民国县志卷48《人物十二·质行九》
施汝哲（字锦南）	诗春	从九衔。性耿直，不趋权势，经商于粤，洪杨乱起，丧资斧，家遂窘，然见义必为。明季，有朱孺人守节，已请旌建坊，众因财艰工钜，数十年未办。哲始贷五十金提倡建筑，督工三载，坊乃告成。他如重修碧山庵、常安寺，哲皆输金领袖，最著者为倡立育材会。咸同间，久遭兵燹，民多失业，赖哲倡立是会兴利除弊，保护森林，至今十三村咸利赖之	民国县志卷48《人物十二·质行九》
潘朝勋（字受其）	坑头	监生。事亲事兄，孝友克尽。堂兄世冕家贫无嗣，以仲子绍之。为人经理磁业于粤东，勤慎为居停所重。精岐黄术，凡同乡疾病，不请自至。年老居乡，理众务、解纷争，尤称至诚公正	民国县志卷48《人物十二·质行九》

续表

姓名（字、号）	地点	事迹	出处
潘斌（号荆山）	矛下	清奉政大夫。四岁失怙，事母孝，初业儒，后科名志淡，潜心医学，施药济人，乡邻德之。有客游粤东者，尝输资以助，文学俞迪光为作传	民国县志卷48《人物十二·质行九》
潘廷珍（字焕文）	桃溪	国学生。家贫早孤，鬻薪供母，后商粤东，获利置产，均分兄弟。里人乏食有淘蕨粉充饥者，珍暗置钱粉桶中以去，好行阴德，至老不衰。寿八十六，邑侯邓赠额"年高德硕"	民国县志卷48《人物十二·质行九》
程国泰（字履安）	凰腾	监生。少业儒，壮贩茶粤东，家道渐裕。捐资建支祠，凡诸善举，皆慷慨乐助	民国县志卷48《人物十二·质行九》
詹益棠（字荫甘）	环川	年十龄，父殁东粤，哀毁若成人。事节母孝，禀请安徽督学毓题赠"松筠比节"匾额。胞弟殁，抚遗孤如己出，卒赖成立	民国县志卷48《人物十二·质行九》
潘学全（字景三）	孔村	从九衔。成童失怙，事两代嬬母曲尽孝思。佐伯父经商粤东，获有盈余，从无私蓄。后食指日繁，与堂兄弟析产，让肥居瘠。修桥路、周贫乏，概不吝惜，以子捐职赠奉直大夫	民国县志卷48《人物十二·质行九》
朱光烓（字俊辉）	城南	国学生。文公二十世孙。事亲善承志，家贫，负贩奉养，后贾粤东，岁必一归省。兄不善经营，烓为兄续弦至再至三，及殁，两任一襁褓一遗腹，视如己子，抚养婚教，得列胶庠，资产与之均。其他施汤送药、焚券息争及修桥梁、筑道路，见义勇为。清赠绢帛，寿八十九，卒	民国县志卷48《人物十二·质行九》

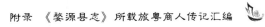

续表

姓名（字、号）	地点	事迹	出处
王锡麒（字与三）	中云	翰林院待诏衔。少读书，家贫就商，力守信义。初随姻弟潘畅中司账，继自业茶，驰名沪粤间，迨家计小康，遂歇业，依依膝下，乡里称孝。善楷书，究心灵素、痘疹两科，尤擅胜场。修祠置亭，不一而足	民国县志卷48《人物十二·质行九》
李槐理（字汝文）	理田	清候选州同，有干济才，慷慨好施。运茶于粤，被空巨款，因陷十八年。旋里后，虽处窘，养父母必供甘旨，创修支祠，排难解纷，周急济贫，善行不胜枚举。妻程氏事翁姑孝	民国县志卷48《人物十二·质行九》
詹世昌（字寿章）	虹关	国学生。营墨业于粤东，凡本家孤寡，岁必寄洋银周恤。戊子冬，由粤归里，时值除夕，以洋银百元散给族中贫苦，族人至今称之	民国县志卷48《人物十二·质行九》
洪德悦（字朋远）	白石岭下	监生。幼失怙，母施氏抚养成人。家贫，佣景镇瓷业，以勤谨升总管。往来豫粤间，同乡贫困在外者，竭力周济，督修衢路，捐造宗祠，义闻素著。兼精岐黄，活人甚众。孝廉饶泽春赠额"仁心仁术"	民国县志卷48《人物十二·质行九》
戴承烈（字仲平）	长溪	从九衔。性浑朴，见善勇为。随父赴粤售茶，途遇险，竭力御父。父殁，随兄赴粤，海盗炮击烈船，烈以身御兄，衣服被褥为炮所伤，兄弟皆无恙	民国县志卷48《人物十二·质行九》
孙本逊（字谦硕）	读屋泉	业茶粤东，见义必为。居乡敬老慈幼，矜孤恤寡，暴者导之以温，强者折之以理，争斗者劝之以和，人称长者	民国县志卷48《人物十二·质行九》

续表

姓名（字、号）	地点	事迹	出处
吴元机（字有道）	赋春	登仕郎。亲老弟幼，力田供养，后经商外省，与同乡方某自粤归，携有石鼠玩物，途次为公差瞥见，以禁物诬方，并累机。经年，案结得释。居乡见公益事，量力捐输，争讼竭力排解，年八十，考终	民国县志卷48《人物十二·质行九》
金长泰（字得荣）	城南	监生。善事亲，友于谊笃。长兄早世，四弟业茶，没于粤。泰间关千里扶榇而归，抚二孤侄并为婚教。业岐黄，活人甚众。邑绅程赞其像略曰"寿人寿世如良相焉"	光绪县志卷39《人物十一·质行七》 民国县志卷46《人物十二·质行七》
俞廷巍（字文耀）	香山	少孤，能自树立。比长游于粤，稍有居积。先世域兆之在浅土者，悉竭力营封树。创造祠宇不惜费。年跻八十，无只字入公门。邑侯张尝有"望隆西序"之赠	道光县志卷26《人物十一·质行四》 光绪县志卷37《人物十一·质行四》 民国县志卷44《人物十二·质行四》
程焕铨（字景廷）	石岭	国学生。性孝友，家近船槽，去水甚远，母临殁谓铨曰："吾村为七省通衢，居人、行旅皆嗟水乏，汝能置枧通水以济之乎？"铨承母命，外为石沟、内置瓦枧以引水，亘五六里，费五百余金乃成。尝与兄弟业茶，亏折负债数千金，铨鬻己田底偿。番禺友人张鑑使宗人运盐二万有奇往海南，属铨管领，比至，鑑已殁，宗人欲瓜分之，铨力争不可，完璧而归，其子感谢。邻人有负债鬻媳者，铨代集会以偿，得续宗祧。义声藉甚，乡里钦重之	光绪县志卷34《人物十·义行七》 民国县志卷40《人物十一·义行六》

后　记

　　这本薄薄的小书只是一册习作集而已。它是我近几年对商业社会史和历史商业地理研究的尝试。但糟糕的是，到目前为止，原先的计划依然没有完成，新近的设想也没来得及实践。我只能期待今后的继续努力，将其中的若干专题发展为真正系统的研究。

　　书中包含有三个专题，因为不同的机缘巧合而形成。

　　与华中师大同窗的严鹏兄的几次交流中，启发我去探究近代老河口的商品流通，进而渐渐扩展为本书的第一个专题"汉水中下游的商埠发展"。上海市档案馆、湖北省档案馆、上海社会科学院经济所等机构便捷的查档条件，直接支持了此专题的顺利进展。复旦同学齐仁达兄复印了重庆市档案馆的一份宝贵资料，替我免去了舟车劳顿。

　　2009年夏天，我有幸入选南开大学中国社会史暑期学校学员，第一次听到郑振满老师讲福建碑刻搜集的故事。向郑老师询问故乡福州碑刻的情况后，竟不知天高地厚地跃跃欲试。2010年春节，我得知古田会馆开放展览的消息后，便去查看碑刻，很快形成了一篇论文，并获得《中国经济史研究》的录用通知。此后，搜集福州商业碑刻成为我每次寒暑假回乡的最大乐趣。本书的第二个专题便是基于此。福建师大林日丈老师、福建省委党校徐文彬兄和林星老师、西南大学李军兄、厦门大学张和平老师都给我许多帮助。

　　入职暨南大学后，广州市方志办的陈喆兄、张丽蓉师姐对我关怀有加，鼓励我对岭南史地的探索。一次同他们的晚餐交谈中，无意发现了此前搜集的婺源族谱传记之价值。我以"从徽州到广州——清代旅粤婺源商人传记研究"为题，申报广州市委宣传部2015年度《广州大典》与广州历史文化研究专项课题，顺利获批，成为本书的第三个专题。江西师大廖华生老师给我提供了几部珍贵的婺源家谱。周伟峰和吴泽文两位同学协助细致整理了三部《婺源县志》中极为庞大的传记数据，作为本专题的附录。

　　这些不像样的成果能够结集出版，有赖于广东省高水平大学建设经费的支持，以及历史系刘增合主任的提携、中国社会科学出版社刘芳编辑的耐心等待。

　　寥寥数语，希望能够传达我对老师、朋友们的由衷感激！

　　在复旦读书期间，一度痴迷商业史不能自拔，将博士论文搁置太久，至今对导师王振忠先生心怀愧疚，唯有将"心无旁骛"作为今后面对各种新诱惑的座右铭。

　　在福州、樊城、老河口等地的考察中，我时常以"逛街"为由，诓骗爱妻马桂菊出门。漫长步行、烈日暴晒以及过商场而不入，免不了几顿埋怨；巷弄、工地废墟中的野狗总是让她惊慌失措。但是，发现建筑和碑刻的那一刻，她的感受和我是一样的，因为这样的"逛街"已经成为我们生活的一部分了。

2017 年 7 月 29 日